ELOI DE SOUZA GARCIA

Um Olhar Sobre a Ciência

Desenvolvimento, Aplicações e Políticas Públicas

ELOI DE SOUZA GARCIA

Um Olhar Sobre a Ciência

Desenvolvimento, Aplicações e Políticas Públicas

EDITORA INTERCIÊNCIA

Rio de Janeiro - 2003

Copyright© by Eloi de Souza Garcia

Direitos Reservados em 2003 por **Editora Interciência Ltda.**

Capa: Cleber Luiz Santos

Revisão: Patrícia Cardoso Borges

Editoração: Eliana Machado dos Santos

CIP-Brasil. Catalogação-na-Fonte
Sindicato Nacional dos Editores de Livros, RJ

G198o

Garcia, Eloi de Souza
   Um olhar sobre a ciência : desenvolvimento, aplicações e políticas públicas. / Eloi de Souza Garcia. - Rio de Janeiro : Interciência, 2003

ISBN 85-7193-091-0

1. Ciência. 2. Tecnologia. 3.Biologia.
I. Título.

03-2043.

CDD 500
CDU 50

É proibida a reprodução total ou parcial, por quaisquer meios, sem autorização por escrito da editora.

Visite nosso site: www.editorainterciencia.com.br

Editora Interciência Ltda.
Rua Verna Magalhães, 66 - Engenho Novo - RJ - 20.710-290
Tels.: (21) 2241-6916/2581-9378 - Fax: (21) 2501-4760
e-mail: editora@interciencia.com.br

Impresso no Brasil - *Printed in Brazil*

Este livro é dedicado a Patrícia,
Ana Luiza, Juliana e Gabriela,
das quais roubo todo tempo que dedico a
Ciência.

Prefácio

Vários milhões de pessoas, no Rio de Janeiro, passam diariamente pela Avenida Brasil, a caminho e retorno do trabalho ou do Aeroporto do Galeão em suas viagens. Entre eles, alguns milhares ao menos, devem se interrogar sobre quem são os moradores do estranho castelo mourisco que se ergue ao cimo da colina que domina a paisagem ao nível dos números 4.000. A força de aparecer com freqüência na mídia e em reportagens de televisão, o castelo é reconhecido pela maioria dos passantes como sendo a sede da Fundação Oswaldo Cruz. Instituição onde, isto é sabido, se pratica **pesquisa cientifica**, formam-se pesquisadores e técnicos e fabricam-se soros e vacinas. Se essa consciência generalizada vai por si, ela não esclarece, entretanto, a curiosidade (ou eu diria a dúvida) daqueles que se interrogam sobre os habitantes do castelo. Sobre o que se passa nas cabeças deles e ao que eles dedicam o seu tempo de trabalho e de lazer.

Na época que atravessa o Mundo, as criações da Ciência, em particular das Ciências Biológicas, enchem as manchetes da mídia e as telas das televisões. Mostram-se resultados e expectativas espetaculares de melhoria da vida dos humanos ou de sua completa destruição, de recuperação do meio ambiente ou de sua degradação definitiva. Assim, esse tipo de curiosidade se compreende. Cientistas, tecnólogos e pesquisadores são vistos por alguns como santos milagreiros e, por outros, como demônios do Apocalipse. Para alguns eles representam a esperança de progresso e de melhoria de vida. Para outros eles são apenas autores e parceiros de bruxarias malignas.

É, pois, com felicidade que se pode acolher o livro **Um olhar sobre a Ciência** de Eloi Garcia. Eloi não é um morador qualquer do Castelo. Mineiro de Santa Rita do Sapucaí formou-se em Medicina Veterinária na Universidade Federal Rural do Rio de

Janeiro em 1967 e tornou-se doutor em Ciências (Biologia Molecular e Bioquímica) pela Escola Paulista de Medicina em 1978. Ele é um velho residente do Castelo, aonde veio se instalar em 1982, criando um laboratório de pesquisas sobre fisiologia de insetos hematófagos, após um pós-doutorado no National Institute of Health nos Estados Unidos.

Mais recentemente ocupou posições de destaque na direção da Fiocruz, sendo mesmo castelão mor de 1997 ao final de 2000 como Presidente da Fundação, após secundar Carlos Morel, seu predecessor, como Vice-Presidente de Pesquisas, de 1993 a 1996. Sua autoridade científica é reforçada ainda pela qualidade de membro da Academia Brasileira de Ciências e por ser autor de mais de 200 memórias e artigos científicos publicados nas mais prestigiosas revistas mundiais.

Vindo de autor com tantos qualificativos, o livro está destinado a despertar e atrair leitores. Eis que, entretanto, ao iniciar-se a leitura pela Introdução, depara-se com uma indicação contraditória que pode desencorajar os tímidos: Este livro, diz Eloi, tem como alvo os estudantes de pós-graduação, os professores universitários e do nível secundários e o grande público, em geral. A afirmação é um pouco inibitória. Se o público alvo, como dito, inclui o grande público em geral, seria inútil especificar os estudantes de pós-graduação e professores.

Solicitado a redigir um prefácio, eu estava de início inclinado a assinalar essa observação ao autor para que eliminasse a contradição. Avançando, entretanto, na leitura, compreendi a razão do paradoxo aparente, justifico agora e apoio à fórmula encontrada. Na verdade Eloi, dirigindo-se ao público em geral, dirige mensagens, ao mesmo tempo, a certos setores particulares da sociedade, a quem cabe, segundo ele, responsabilidade específica na condução do processo de criação de conhecimentos, formação das novas gerações e, em outros casos, maiores responsabilidades éticas no processo de integração e utilização dos novos conhecimentos e de suas aplicações. Nesse processo, ele começa por chamar atenção dos jovens cientistas sobre o conteúdo revolucionário dos conhecimentos que se acumulam nos últimos anos, dos professores sobre a necessidade de absorver e transmitir esses novos conhecimentos e do público em geral sobre o gigantesco potencial desses conhecimentos, capazes de trazer soluções para problemas milenares das sociedades humanas, no que diz respeito à saúde, ao bem estar e à harmonia com o meio ambiente.

Na primeira parte de seu livro, são discutidas questões sobre o genoma, o proteoma, as técnicas de transgênese e sua aplicação e os (ainda) misteriosos aspectos da estrutura do material genético. Não se trata sem dúvida de um texto de divulgação científica e, justamente, à primeira vista, pode nos parecer dirigido a jovens cientistas em pós-graduação e aos professores, público já advertido e informado. Entretanto, o cientista sofisticado que é Eloi desce do pedestal para expor em termos acessíveis as maravilhosas conquistas da Biologia Moderna e os mistérios que restam a esclarecer como o da base genética da individualidade humana.

Ele não fica em vagas generalidades. Vai aos detalhes, chamando a atenção do leitor para problemas centrais. Em um dos capítulos, por exemplo, ele assinala (dando explicações acessíveis) o mistério da homologia das seqüências de DNA dos chamados introns entre o DNA humano e o DNA de camundongo. Os introns, explica ele, são as regiões de DNA que se situam entre os genes (codificados por exons). Os introns representam regiões de fronteira entre os genes, regiões que não codificam proteínas. Seqüências que não teriam, portanto, uma função expressa no que se chama fenótipo, isto é, no soma. Assim, os introns não deviam, em princípio, estar submetidos à conservação, pelo processo de seleção natural. Nesse caso, pela deriva natural de acumulação de mutações, as seqüências de DNA dos introns deveriam derivar ao longo dos séculos de evolução, e as seqüências dos introns, mesmo de espécies próximas, do ponto de vista evolutivo, deveriam degenerar e diversificar-se ao longo das gerações. Este é um princípio sacro santo do darwinismo no plano molecular.

Ora, surpreendentemente, os seqüenciamentos dos DNAs de introns de camundongos e homens, separados evolutivamente por dezenas de milhões de anos e milhões de gerações, são bastante conservados. Eles devem, portanto, ter uma função e não podem ser considerados DNA lixo como de inicio o foram. Que função? Sabe-se que certos introns participam na reunião e organização dos exons para estruturar os genes. Seria apenas essa a razão da conservação? Ou haveriam outras funções desconhecidas? Assim, glosando, Eloi chama esse DNA lixo de DNA de luxo! Mistérios a serem esclarecidos.

Ao longo dos capítulos, ao mesmo tempo em que Eloi registra a fantástica aventura que se abre para a Humanidade através do domínio de novos conhecimentos, ele assinala com precisão os novos problemas que se definem nesse caminho. Insiste, em particular, no domínio da ética e da necessidade de um estrito controle social dos novos meios de aplicação e de desenvolvimento desses conhecimentos.

Na segunda parte de seu livro, o cientista cede lugar ao gestor e ao dirigente. Do alto de sua experiência de vários anos como Vice-Presidente e depois Presidente da Fiocruz, Eloi nos descreve as novas expectativas que as aplicações dos conhecimentos da Biologia Moderna oferecem em benefício da saúde humana, através das novas vacinas e dos novos medicamentos e, mais precisamente, as necessidades que se abrem no País para uma readaptação e reformulação das atividades produtivas na área da saúde, o papel do Estado e da iniciativa privada nessa reconversão obrigatória de nosso setor produtivo.

Também nesse domínio, Eloi se destaca por uma abordagem clara e competente dos problemas que se colocam para o sucesso dessas operações, através de uma definição de objetivos e prioridades. Ao mesmo tempo em que destaca a necessidade de reunir e formar competências e especialistas, ele mostra como estas decisões implicam em mobilização esclarecida da opinião pública em geral e da participação de todos os setores da sociedade.

Para aqueles que esperam encontrar em **Um olhar sobre a Ciência** informações de divulgação científica, fórmulas ou receitas para abordagem de problemas da Ciência serão decepcionados. Também aqueles que esperam soluções para as questões que se colocam no Mundo e no País para integrar os novos conhecimentos científicos ao processo social, a leitura será uma decepção. Entretanto, para aqueles que procuram colocar as idéias em ordem nessa época em que uma irracionalidade invasiva corrompe a reflexão dos Homens e sua visão da Sociedade, o livro de Eloi Garcia é um bálsamo.

Em linguagem simples, em larga abordagem, Eloi nos conduz através dos caminhos da Ciência para chegar aos domínios da aplicação e das novas tecnologias. Sem esquecer, em cada momento, de enviar mensagens sobre as implicações e problemas que resultam dos novos conhecimentos e das novas técnicas. Sem indicar soluções ele focaliza os problemas. E insiste sobre as responsabilidades. As responsabilidades que incubem a cada setor da sociedade, aos estudantes, aos professores, aos cientistas, aos tecnólogos, aos gestores e administradores de zelar pela boa aplicação dos conhecimentos e das aplicações. A responsabilidade de cada um de nós que, finalmente, constituímos o grande público em geral.

Luiz Hildebrando Pereira da Silva
Porto Velho, outubro de 2003.

Introdução

"Da minha aldeia vejo quanto da terra
se pode ver no Universo...
Por isso a minha aldeia é tão grande
Como outra terra qualquer...
Porque eu sou do tamanho do que vejo
E não do tamanho da minha altura!..."

Fernando Pessoa/Alberto Caeiro

Este é um livro que discute a importância da ciência e tecnologia para o futuro da sociedade. É uma coletânea, baseada em uma série de artigos veiculados na mídia e em diversos debates que participei nos últimos seis anos, que se referiam a genomas, clones, animais e plantas transgênicos, vacinas, medicamentos e política de ciência e tecnologia, entre outros temas, e se dirige a estudantes de graduação e pós-graduação, a professores universitários e do ensino secundário e, como foi escrito em linguagem simples, ao grande público em geral.

Para desenvolver estas reflexões, discuti, telefonei, troquei idéias, aborreci, interroguei e abusei da paciência científica de várias pessoas amigas. Não posso citar todas nos agradecimentos, pela excessiva lista que teria que apresentar. Mas não posso deixar de nominar dois amigos que se tornaram co-autores de vários artigos aqui apresentados – Carlos Gadelha e Claudia Chamas. Refleti com eles sobre os problemas e as vantagens que a ciência e a tecnologia podem oferecer a um país em desenvolvimento como o Brasil.

Em cada capítulo, os assuntos estão apresentados em ordem cronológica e refletem um determinado momento histórico. Mantive os argumentos e o "espírito" da época. No entanto, tenho consciência de que vários pontos levantados já estão sendo resolvidos pela política incrementada pelo Ministério de Ciência e Tecnologia (MCT), nos últimos anos.

Hoje, ao olharmos para trás, podemos observar que no Brasil, o avanço da Ciência apresentou destaque depois da Segunda Guerra Mundial, principalmente com a criação do Conselho Nacional de Pesquisas, hoje Conselho Nacional de Desenvolvimento Científico e Tecnológico (CNPq), no início dos anos cinqüenta. Interessante sublinhar que ao criar o CNPq, o Brasil somou-se a um movimento internacional de criação de agências voltadas ao desenvolvimento da ciência e da tecnologia.

Nos últimos cinqüenta anos, graças ao CNPq e a Coordenação de Aperfeiçoamento de Pessoal de Nível Superior (CAPES) e, posteriormente, à criação do MCT, foram formados, criados e mantidos inúmeros grupos produtivos de ciência em nosso país, ao mesmo tempo em que foram desenvolvidas e implantadas as mais modernas ferramentas moleculares, bioquímicas e imunológicas, entre outras, nos laboratórios brasileiros.

Na medida em que se inicia o novo século, vemos que objetivos notáveis foram alcançados pela humanidade nestes últimos 50 anos. Vivemos um período em que a ciência e a tecnologia demonstraram claramente sua importância na melhoria da qualidade de vida e nos avanços da medicina e saúde pública, que se refletiu em uma maior expectativa de vida. Uma criança que nascesse no final da década de quarenta, tinha como esperança de vida, em média, 45 anos. Hoje, a expectativa de vida para um menino ou uma menina que nasça no Brasil, pode chegar a mais de 70 anos e em 2020 poderá ultrapassar os 75 anos.

Apesar dessas grandes conquistas alcançadas, temos muito que fazer. A pobreza absoluta está aumentando e já afeta mais de um bilhão de pessoas no planeta. Um terço das crianças dorme com fome e/ou está subnutrida. O conhecimento da ciência abriu portas para a compreensão dos mistérios da natureza, mas doenças bastante conhecidas, ainda matam os pobres e desprivilegiados. O mundo ainda está pouco preparado para enfrentar as grandes epidemias, dos microorganismos resistentes às doenças emergentes e à ameaça mortal que representam a AIDS, a malária e a tuberculose.

A Ciência não pode nunca se estagnar. Ela é dinâmica e muda o seu perfil de ação de acordo com o momento. Hoje, há necessidade de se estreitar cada vez mais os vínculos entre Ciência e a Sociedade. Apesar das grandes descobertas do século XX – divisão do átomo, bomba atômica, estrutura do DNA, manipulação genética, clonagem, vacinas moleculares, antibióticos, avião, foguete, televisão, satélite, computador, Internet, nanotecnologia – à medida que nos iniciamos no novo século, verificamos que os conceitos básicos, associados tanto à ciência quanto à sociedade, vêm sendo profundamente questionados. Isto vem aproximando, de forma desejada, as ciências "duras", das ciências sociais. De fato, as reflexões das ciências sociais, que trazem um conjunto coerente e inimaginável de idéias e relações históricas, aumentam nossa compreensão dos desafios presentes e futuros que teremos que enfrentar.

Com a ciência e a tecnologia poderemos reduzir o padecimento causado pela baixa qualidade de vida, pelas doenças e o sofrimento resultante das doenças transmissíveis, que tanto afetam a classe mais pobre e dificultam o desenvolvimento do país. O setor da saúde pública, que durante vinte e cinco anos teve como princípio básico à eqüidade saúde direito de todos, tem visto a desigualdade crescer a olhos vistos. Não podemos viver bem neste planeta, sabendo que um quinto da população desfruta da riqueza, enquanto a pobreza ameaça os outros restantes.

Como enfrentar este quadro? A ciência vem transformando o mundo. Nunca houve tantas aplicações práticas da ciência. Nunca a ciência resolveu tantos problemas sociais. Pode-se até dizer que a ordem geral hoje é a ciência induzida e/ou aplicada para resolver problemas da população. Mas, não podemos nos esquecer que a ciência básica, principalmente aquela que se refere a sistemas básicos ou complexos, ainda está nascendo. Não podemos ser irresponsáveis e penalizar este tipo de ciência de relevância que representa novas idéias, novos conhecimentos e novas soluções para os problemas da humanidade.

Neste livro, compartilho minhas idéias, meus sonhos e minha utopia com vocês. Apesar de tudo, continuo otimista e acreditando em um mundo onde a relação com a Ciência faça que ela chegue mais rapidamente aos mais humildes. Nesta sociedade o mundo será mais tolerante e o conhecimento diminuirá os problemas da pobreza, da carência, da fome e da miséria. Neste novo mundo as pessoas certamente serão mais felizes.

Eloi de Souza Garcia
Rio, outubro de 2003.

Sumário

Prefácio VII

Introdução XIII

Genomas, Clones e Transgêneses 1
Além do genoma humano 3
Manipulação transgênica 6
A revolução biomolecular 9
Sobre o homem, a mosca e o verme 12
E agora, José? 14
Biochip: diagnóstico das diferenças 17
Medicina genômica 19
A Pesquisa sobre células-tronco 22
As seringas voadoras 24
O lado escuro da clonagem 27
O sexo colocado de lado 30
O ataque dos clones 32
DNA-lixo ou DNA-luxo? 36
O homem à semelhança de Deus 39
Ciência e ética 41
O parasita, o mosquito e o homem 43
Clonar ou não clonar: eis a questão 45
Pesquisa, riscos e progresso 47

Medicamentos e Vacinas 51
O grande desafio do fim de século 53
Uma nova política de vacinas 56
Uma nova geração de vacinas 59
Desenhando novos remédios 62
Vacinas para o futuro 65
Fronteira dos medicamentos personalizados 67

Políticas de C&T 71
O desafio tecnológico 73
A comercialização da ciência 75
Pesquisa, desenvolvimento e políticas salariais 78
Capital de risco e tecnologia 81
Eficiência e poder do mercado 84
A Fiocruz e o desenvolvimento nacional 87
Novos gerentes para a Ciência 90
Fundos Setoriais para a Ciência 93
Empresas e inovação 96
Ciência, invenção e inovação 99

Outras coisas a mais 101
Profissão cientista 103
100 anos de Manguinhos 105
Ciência: sair da torre de marfim 108
A academia do novo milênio 111
Ciência nos limites da redução 114
Novo paradigma para a ciência 119

Genomas, Clones e Transgêneses

"*We used to think our future was in the stars.
Now we know it is in our genes.*
Pensávamos que nosso futuro estivesse nas estrelas.
Agora sabemos que o carregamos em nossos genes."

James Watson

"*I don't want to live forever through my works.
I want to live forever by not dying.*
Não quero viver eternamente através de meus trabalhos.
Quero viver para sempre."

Woody Allen

Além do genoma humano

A biotecnologia deste final de milênio tem sido marcada pelo ambicioso Projeto Genoma Humano (PGH). O projeto tem como objetivo mapear e analisar os genes presentes no DNA de nossa espécie. Muitos debates ocorrem sobre as aplicações, vantagens e implicações éticas dos conhecimentos gerados por esse projeto. Saber como esses genes agem, permitirá, sem a menor dúvida, avanços importantes no campo da saúde, como nas mais de três mil doenças genéticas – calcula-se que 1% dos nascimentos traga um bebê com alguma deficiência genética e que 30% da mortalidade infantil (em países não afetados por doenças endêmicas e subnutrição) esteja relacionada a um erro inato de metabolismo ou a uma malformação congênita. Pelo conhecimento do genoma humano haverá terapia gênica, vacinas novas e *kits* de diagnósticos com base nas seqüências de DNA.

A terapia gênica visa a cura de algumas enfermidades genéticas como a fibrose cística, a anemia falciforme e a coréia de Huntington. Novos medicamentos e vacinas, animais transgênicos (bio-reatores) que expressam genes humanos – como a cabra que produz insulina humana e fatores de coagulação de sangue humano; suínos que podem ter seus órgãos transplantados para o ser humano – têm criado novas oportunidades de investimentos e atraído empresas multinacionais, que aplicam milhares de dólares em pesquisa e desenvolvimento, patenteando novos produtos e processos na expectativa de lucros elevados.

Mas o PGH inclui também preocupações éticas, sociais e regulatórias. Para entender o impacto desses novos conhecimentos na sociedade, 5% dos investimentos totais do projeto estão sendo utilizados em estudos no campo da bioética, como sugerido pelo biólogo James Watson, um dos principais descobridores da estrutura do DNA. A identificação de genes relacionados a doenças criaria cidadãos de primeira e segunda classe? O conhecimento de genes deficientes poderia afastar casais, noivos, amigos e parentes? São questões a serem respondidas. A sociedade precisa participar das discussões que levarão aos caminhos futuros da utilização desse conhecimento.

As pesquisas sobre o genoma humano têm gerado um grande volume de informação. Conhecendo cada vez mais sobre as estruturas das proteínas, os cientistas poderão compreender os segredos da vida e as bases moleculares para desenvolvimento de novas drogas para o tratamento das mazelas que afetam a humanidade. De fato, o PGH e seus derivados, genomas de protozoários, de bactérias e de helmintos, são precursores de um futuro grande projeto internacional de proteínas humanas. Por exemplo, o genoma da levedura foi conhecido em 1996: possui cerca de seis mil genes, o que significa que pode produzir seis mil proteínas. No entanto, ainda não se tem idéia das funções de pelo menos metade dessas proteínas.

Está nascendo um novo campo do conhecimento: a proteômica ou projeto proteoma (PP), cujo maior desafio é determinar como as proteínas interagem entre si e/ou com outras moléculas. Sabe-se, que através de uma ação harmônica, conjunta e complexa, as proteínas comandam o sistema que faz as células detectarem sinais químicos externos, transformando-os em eventos biológicos. Para entender como certas células liberam, por exemplo, insulina para regular o nível de glicose no sangue ou porque ocorre uma divisão celular desordenada (câncer) ou outra patologia qualquer, é necessário compreender melhor como os sinais são detectados e transformados pelas proteínas (receptores) na membrana celular.

Vários centros de pesquisa, públicos e privados, já estão envolvidos nesse projeto mais audacioso que o PGH: "o mapa da interação protéica". Esse projeto visa a desvendar, a partir de cada proteína codificada pelo genoma humano, os tipos de interações que essa molécula realiza. É uma tarefa enorme e exaustiva, pois somente as proteínas do corpo humano podem permitir cerca de 50 bilhões de combinações. Sem dúvida, essas informações serão valiosas para a compreensão de várias atividades celulares.

Uma vez que dois terços das doenças ocorrem devido aos genes dos seres humanos ou aos genes dos agentes infecciosos que os contaminam, a evolução do projeto de mapeamento das interações protéicas torna-se fundamental. Porém, esta tarefa pode ser dramaticamente dificultada porque além de nem todos os genes humanos serem conhecidos, existe a estimativa de que, provavelmente, metade das 50 bilhões de interações entre as proteínas seja irrelevante. Mesmo assim, interações protéicas também possibilitam outro enfoque aos cientistas: o estudo da atuação das proteínas de alguns agentes patogênicos pode auxiliar o desenvolvimento de novas drogas.

Universidades, institutos de pesquisa e empresas estão investindo nesse novo enfoque da ciência, associado ao estudo das formas tridimensionais das proteínas e à tecnologia da química combinatória, prometendo o desenvolvimento rápido de novos medicamentos contra as doenças que afligem a sociedade. Nesse contexto, é preciso que organizações brasileiras também se envolvam nesse novo "filão" da biotecnologia, priorizando a pesquisa em torno das enfermidades mais comuns do território nacional.

Rio, fevereiro de 1999.

Manipulação transgênica

Há mais de cem anos plantas e animais vêm sendo modificados pela genética clássica, conhecida como técnica de "melhoramento", que consiste em selecionar genes por cruzamentos programados, melhorando a qualidade e, claro, aumentando a produção. As novas variedades de plantas obtidas por esta tecnologia são tão valorizadas, que no Brasil e em outros países estão protegidos sob a Lei dos Cultivares.

Vegetais "melhorados" foram à base da revolução verde e receita de futuro melhor para um mundo em que as estimativas de crescimento da população para os próximos 50 anos são de um salto dos 5,9 bilhões de habitantes de hoje para 11 bilhões. Um dos maiores impactos deste crescimento populacional será, obviamente, no consumo de alimentos. Há expectativas de aumento na produção. Estima-se, por exemplo, que em 2050 a produção de carne seja dobrada, indo das 250 milhões de toneladas/ano de agora para 500 milhões de toneladas/ano. Trigo, arroz, milho, soja também devem ter uma produção agigantada. Hoje, o consumo desses alimentos alcança mais de dois bilhões de toneladas/ano, representando um mercado de mais de US$ 100 bilhões/ano, que é 25% maior do que o registrado em 1995, por exemplo. Mas, ainda assim, quase um bilhão de pessoas em 80 países ainda padece de fome e subnutrição. A engenharia genética pode minimizar este triste cenário de futuro próximo. Os "transgênicos" têm papel fundamental na luta contra a fome.

A Convenção da Biodiversidade, item importantíssimo da Agenda 21, recomenda investimentos na área da biotecnologia, justamente para aumentar a produção e a qualidade de alimentos e da água, além de combater a poluição ambiental. Um tripé capaz de garantir melhor qualidade de vida e de saúde. Os investimentos no desenvolvimento dos vegetais transgênicos, resistentes a doenças, pragas e desacertos climáticos resultam também em economia nas cargas de inseticidas, pesticidas, herbicidas e adubos que, além de caros, muitas vezes são danosos à saúde humana e ao ambiente.

A experiência da manipulação transgênica comprova: bem selecionados os genes, a produção de alimentos pode alcançar produção 30% maior na mesma área de plantio. Os vegetais modificados prometem tanto, que a Fapesp - Fundação de Amparo de Apoio à Pesquisa do Estado de São Paulo, tem criado programas para incentivar o desenvolvimento de pesquisas sobre o mapeamento de genomas de plantas, buscando genes que aumentem a produtividade e a qualidade da nossa agricultura.

A questão é tão importante que não podemos deixar também de discutir os riscos dessa tecnologia. Será que o "processo transgênico" não pode ser também tóxico e provocar reações alérgicas? Não serão os transgênicos "poluidores genéticos" que espalham genes estranhos, por transferência horizontal, planta-planta, planta-microorganismo e planta-animal, ou marcadores genéticos de resistência a antibióticos? A resistência aos herbicidas e pesticidas não aumentará o consumo desses compostos que também poluem plantas, animais, solo e água?

Essas questões têm gerado resistência aos produtos transgênicos, que são, por exemplo, rejeitados em alguns países da Europa e até do chamado Terceiro Mundo. No Brasil, alguns estados, como Rio Grande do Sul e Paraná, discutem a proibição dos transgênicos. O assunto é tão mobilizador que a Sociedade Brasileira para o Progresso da Ciência (SBPC) abriu em sua *homepage* um fórum de debate, possibilitando que toda a comunidade científica e a sociedade civil se manifestem.

Recente conferência convocada pela ONU em Cartagena de Índias, Colômbia, não conseguiu chegar a um protocolo sobre a questão da biossegurança, que regula o bilionário comércio mundial dos alimentos transgênicos. Antenado, o Brasil também criou a Comissão Técnica Nacional de Biossegurança (CTNBio), exigência da Lei de Biossegurança. A CTNBio é responsável pela aprovação desses produtos e fórum legal para zelar pela segurança e proteção do meio ambiente.

Na área da saúde, com a autorização do Ministério, a Fundação Oswaldo Cruz vai reunir um grupo de pesquisadores para investigar e trabalhar possíveis desacertos de medicamentos e vacinas transgênicas, órgãos e tecidos de animais transgênicos para transplantes no ser humano e terapia gênica, que, em futuro próximo, estarão sendo utilizados rotineiramente. A sociedade, enfim, pede respostas aos seus questionamentos sobre o real valor dos transgênicos. Cabe à ciência responder rápida e seguramente a essas questões. Qual o tamanho do benefício? Qual a possibilidade de estrago na saúde humana, na terra e na água? Sem a paixão de ser contra ou a favor, devemos trabalhar investindo na busca da pesquisa pela perfeição. Os transgênicos são uma realidade e um avanço da ciência. Mas significam somente benefícios ou exigem processos de aperfeiçoamento, antes de serem tratados como o mapa da mina para a solução da fome do mundo?

A ciência deve trabalhar para responder a essas e outras indagações da sociedade. A Fiocruz, que no próximo ano celebra seu centenário com um elenco de vitórias em pesquisas a favor da saúde e da qualidade de vida do homem, encara a pesquisa com os transgênicos como mais um dos muitos desafios da ciência moderna e quer ser geradora do debate e parceira da solução.

Genebra, junho de 1999.

A revolução biomolecular

O progresso da ciência da última década abre enorme e diversificado campo de conhecimento, numa velocidade nunca vista na história da humanidade. Observamos avanços crescentes em computação, telecomunicações e biotecnologia. Laboratórios com equipamentos computadorizados vêm ajudando a desvendar os genes e seus produtos, no homem, nas plantas, nos insetos, nos parasitas, nas bactérias e nos vírus. Como disse James Watson, um dos principais descobridores da estrutura do DNA, o código genético: "Pensávamos que o futuro estava nas estrelas (...), agora sabemos que o futuro está em nossos genes".

Até 2001, todos os genes encontrados em 23 pares de cromossomos humanos serão conhecidos. Além disso, conheceremos os genes envolvidos em cada órgão do ser humano: o cérebro com 3.195 genes ativos, o coração com 1.195, os ovários com 504, os testículos com 1.232.

Paralelamente ao Projeto Genoma Humano, estão sendo realizados programas para desvendar genomas dos grandes agentes causadores de doenças, como o do vírus da poliomielite, da raiva, do sarampo, da influenza A e do resfriado comum e os parasitas da malária, da esquistossomose, da doença de Chagas e da leishmaniose. Já são conhecidos os genomas da levedura, que tem 30% de genes semelhantes aos genes humanos e da bactéria *Escherichia coli*.

Os mapas dos genomas humanos e dos agentes patogênicos poderão revolucionar o tratamento de inúmeras doenças, alterando o curso da medicina hoje conhecida por nós. Virão novas terapias e curas de doenças debilitantes. Estarão à disposição dos médicos, a terapia genética e vacinas de DNA para vírus, bactéria e parasitas, além de moléculas "inteligentes", planejadas para combater doenças que hoje não têm tratamento e para desenvolver métodos específicos de diagnóstico. Simulações de processos biológicos em computadores, realidades moleculares virtuais, imagens moleculares em três dimensões e a química combinatória, facilitarão a compreensão e o tratamento das doenças que nos afetam.

Os genes produzem as proteínas, moléculas complexas com formas tridimensionais, que agem sozinhas ou em grupos, regulando o nascimento, crescimento, metabolismo e morte celular. De fato, o Projeto Genoma Humano e seus derivados são precursores de um futuro grande projeto internacional, um novo campo de conhecimento de mais difícil solução: a proteína genômica ou proteoma, nascida para desvendar, a partir de cada proteína codificada pelo genoma humano ou de agentes patogênicos, os tipos de interações entre genomas e proteínas de organismo diferentes. Será uma tarefa enorme e exaustiva, pois somente o corpo humano tem cerca de 200 mil diferentes proteínas, podendo permitir cerca de 50 bilhões de combinações dessas moléculas.

A revolução biomolecular nos trará o entendimento das interações entre genes e proteínas, células e órgãos, facilitando o desenvolvimento e o planejamento molecular de novos medicamentos e vacinas. Em breve, com um simples exame de uma gota de sangue se terá o DNA personalizado, específico da pessoa, que indicará se ela tem uma das cinco mil doenças genéticas descritas. Poder-se-á até prever se a pessoa poderá vir a desenvolver uma determinada doença degenerativa ou infecção.

A revolução biomolecular é uma realidade inovadora que suscita importantes controvérsias. Estamos ou não preparados para viver esse mundo novo? Há os que defendem a ciência biomolecular por acreditar que ela trará um enorme benefício para a sociedade. Outras pessoas, por questões políticas, sociais, éticas ou religiosas, vêem com desconfiança e muitas ressalvas o uso dessas novas tecnologias. Essa revolução nos levará a analisar os nossos valores e reavaliar profundamente o propósito e o significado da ciência para a vida. Nesse contexto, para a Fiocruz, um órgão centenário do Ministério da Saúde, a revolução biomolecular é mais um dos desafios da ciência moderna. Nossa contribuição está em apoiar e incrementar o desenvolvimento científico nesse grande "filão" da biotecnologia e estimular o debate em torno dos polêmicos aspectos éticos, socieconômicos e políticos, gerados por esse conhecimento.

Rio, fevereiro de 2000.

Sobre o homem, a mosca e o verme

Nas próximas semanas, será divulgado, em detalhes, pela *Celera Genomics* e pelo projeto público Genoma Humano, a seqüência genômica completa do ser humano. No início deste projeto, o número de genes do homem foi estimado entre 80.000 e 100.000 genes. Com a obtenção dos primeiros resultados, alguns cálculos reduziram este número a 60.000 genes, outros aumentaram esta cifra para 120.000 genes. Estes dados estão definitivamente descartados. O número de genes contido no DNA humano é na realidade bem menor: somos controlados por somente 30.000-35.000 genes. Projetos genomas de outros animais já vinham sinalizando que a evolução das espécies não é determinada pelo número de genes. Por exemplo, a mosca da fruta, a *Drosophila*, possui 14.000 genes e 10 milhões de células e é considerada mais complexa biologicamente falando, do que o minúsculo verme chamado *C. elegans* que tem 19.000 genes e 10 vezes menos células que a mosca. Simplificando a questão, temos um cérebro com 10 bilhões de neurônios e possuímos somente o dobro de genes de um verme que tem um cérebro com 300 neurônios.

Mas nosso egocentrismo cultural nos coloca como seres evoluídos, inteligentes e dominadores do Universo. Deveríamos possuir muito mais genes que qualquer outro ser vivo. Na realidade temos, mas nem tanto.

O surpreendente é que tantos genes de um verme sejam semelhantes ao do ser humano. Curiosamente, o nematódio *C. elegans* possui mais de 50% de seus genes homólogos aos encontrados no ser humano. Cerca de 10.000 dos 30.000-35.000 genes humanos são semelhantes aos genes do verme. Além disto, vários genes humanos têm funções não relevantes ou são redundantes. Assim, menos de 20.000-25.000 genes são os que fazem a diferença, são os que fazem o homem. Ou seja, o ser humano é pouco mais que 1,5 verme em material genético exclusivo! Ao criar o ser humano, a natureza foi sábia e racional, simplificando as instruções genéticas necessárias para nascer, crescer e se reproduzir como pessoa e não como chimpanzé ou mesmo camundongo, os quais possuem 98,5% e 75% de genes semelhantes ao homem, respectivamente. As semelhanças e diferenças entre os DNAs dos seres humanos e entre o genoma humano e o de outras espécies animais devem ter um significado biológico. Se assim for o papel dos genes reguladores da síntese de proteínas e as interações destas moléculas com outras, estudo denominado proteoma, é relevante. De acordo com estes estudos, o ser humano é o resultado da regulação e de várias interações entre genes e seus produtos – e não do número deles – e das interações entre eles e o meio ambiente. Recentemente, foi demonstrado que o cérebro de um chimpanzé tem 98% dos genes encontrados no cérebro humano. A diferença está na produção seis vezes maior de proteínas para os genes humanos. Esta conclusão, tirada do projeto Genoma Humano, é uma verdadeira ducha de água fria na idéia de que a complexidade biológica tem relação com o número de genes.

Foi descoberto que 99,9% dos genes são idênticos entre todas as pessoas. A pequena diferença detectada no DNA mostra a diferença individual, por exemplo, entre irmãos ou entre as pessoas que não sejam parentes. Esta diferença microgenética permite explicar porque uma vacina pode agir de modo eficaz em milhares de pessoas e, em um número muito reduzido, induzir infecção vacinal ou apresentar efeitos colaterais. A microvariação genética é importante para entender uma determinada doença, sua emergência, que influência os fatores ambientais tem sobre ela e que tipo de população genética pode ser afetada pela patologia.

Como resultado, essa nova visão reduz as diferenças genéticas entre os homens, acabando com o conceito de raça, por exemplo, e entre o ser humano e outras espécies animais. Numa postura ecologicamente correta, poderemos pensar que nossos genes mais interessantes se encontram, muito provavelmente, entre aqueles genes que são semelhantes aos das moscas e aos dos vermes.

Brasília, janeiro de 2001.

E agora, José?

O mundo tomou conhecimento dos trabalhos divulgados pelo consórcio público internacional e pela *Celera Genomics* que revelaram a seqüência completa do genoma humano. Não resta dúvida que a revelação da seqüência do DNA humano têm um significado simbólico que mostra o grau de desenvolvimento científico e tecnológico que a humanidade alcançou no início deste novo século. Acreditava-se que tínhamos entre 60 mil e 120 mil genes. Hoje sabemos que possuímos de 30 mil a 35 mil genes. A dificuldade para um cálculo mais exato se deve ao fato de que mais de 95% de nosso genoma, não codifica proteína alguma – é o chamado DNA-lixo – e que os genes estão espalhados em diferentes regiões da seqüência genômica. O número de genes achado é uma estimativa, daí sua grande variação. Este número poderá mudar. Descobrir genes não é uma tarefa fácil. Localizar genes no genoma é como procurar pedaços de uma pequena agulha no palheiro.

Comparando diferentes genomas observamos que as diferenças genéticas não são tantas. Verificamos que o ser humano possui apenas 300 genes a mais do que o camundongo; tem número de genes semelhantes aos do milho e aos da planta *Arabidopsis thaliana*, modelo da biologia molecular; possui somente 1/3 de genes a mais que o nematódio *C. elegans*; tem pouco mais de 50% de genes do que a mosca *Drosophila*; possui um número menor de genes que a cana-de-açúcar e que seu genoma deve ser muito parecido com o genoma do chimpanzé. Estes dados estão levando os cientistas a reformularem suas idéias sobre o que representa e significa o genoma humano. O que parece ser relevante não é a quantidade de genes e sim suas possíveis combinações e as interações das proteínas por eles codificadas.

A era pós-genômica nos levará ao estudo dos proteomas, que é o estudo da interação das proteínas entre si e com outras moléculas. No entanto, ainda não se sabe o número de proteínas que o ser humano possui. A teoria de que um gene codifica uma proteína não mais satisfaz. A maquinaria genética não é linear. Ela se adapta ao ambiente, em certos casos se fortalece, corrige erros, detecta coincidências e se autocontrola. Algoritmos informáticos e *chips* genéticos de DNA permitem que os cientistas estimem o número de proteínas e controlem simultaneamente a expressão de proteínas pelos genes de uma célula, mesmo quando não se conhecem as funções desses genes. Assim, pode-se calcular que possuímos de 5 a 8 vezes mais proteínas diferentes do que genes, isto é, em média, 200.000 proteínas diferentes. Com isto, acredita-se que conhecemos no máximo, somente 30% das proteínas existentes nas células humanas.

Outro ponto da investigação do genoma humano levará ao seqüenciamento dos *snps – single nucleotide polymorphisms*, conhecidos como polimorfismos singulares de nucleotídeos (polímero contendo quatro bases nitrogenadas, que podem ser diferentes entre si, e que estão ligadas ao açúcar desoxiribose e a um íon fosfato, ou seja, um nucleotídeo é a base nitrogenada + desoxiribose + fosfato, é a estrutura básica do DNA). Ou seja, de 1,42 milhão de moléculas - num total de 3,2 bilhões – que fazem uma pessoa ser diferente da outra. Isto pode explicar porque um medicamento pode agir em um grupo de indivíduos e não em outro, ou porque uma vacina pode funcionar em milhares de pessoas e em um pequeno número de indivíduos provocar efeitos colaterais e até desenvolver a doença vacinal.

Os avanços alcançados estão mostrando o muito que desconhecemos e o pouco que sabemos com precisão sobre genoma. A revelação de que o estudo sobre genomas nos levará a uma nova era, deve ser vista com precaução e prudência. Com a conscientização da sociedade, certamente as áreas da agricultura (plantas e animais) e saúde poderão se beneficiar com este conhecimento, melhorando a produção de alimentos e de remédios mais ativos e sem efeitos colaterais. A medicina será mais personalizada e principalmente preventiva.

Há necessidade de se pensar a ciência em diferentes formas. A complexidade biológica depende talvez da modulação refinada da atividade de um conjunto de genes que, em certos momentos, podem ser mais ou menos ativados, ou desativados, o que leva a um número enorme de variações da forma ou na complexidade de um ser vivo. Esses mecanismos de regulação e interação genéticas são complexos e prometem ser mais complicados do que se supunha. O "livro da vida" nos leva agora ao desenvolvimento de tecnologias para investigar o proteoma e estimar as estruturas das proteínas e suas possíveis interações. A bioinformática, muito valorizada nos dias de hoje, será uma ferramenta fundamental neste projeto. Certamente vamos passar uma grande parte do século XXI estudando as combinações de genes e proteínas para entender o que significa ser humano.

Brasília, março de 2001.

Biochip: diagnóstico das diferenças

Após as descobertas da estrutura do DNA e do código genético, nas décadas de 1950 e 1960, a biologia molecular se desenvolveu em bases mais descritivas e qualitativas, sendo as moléculas, o desafio da investigação. A finalização do projeto Genoma Humano – descrição da seqüência de 3,2 bilhões de nucleotídeos – marcou o ápice deste tipo de esforço. Agora que os genes foram localizados e decifrados, espera-se, da era pós-genômica, novos modelos, teorias e informações transformadas em coisas práticas e úteis para a humanidade.

O genoma humano, com seus 30 mil genes localizados nos 23 pares de cromossomos, fornece a radiografia genética de um indivíduo. Uma análise detalhada do genoma revelará diferenças entre cada ser humano, incluindo variações gênicas que mostram a possibilidade de uma pessoa desenvolver ou ser resistente a uma determinada doença, ou ter reação adversa a uma vacina ou medicamento, já que essas reações orgânicas, por complexas que sejam, de alguma maneira envolvem um componente genético. Esta análise será fundamental para aplicação em diagnóstico precoce de doença e na medicina preventiva e terapêutica do futuro.

Isso não é ficção científica. Mudanças no genoma ocorrem por adição de material genético ou por remoção de pedaços de genes. No entanto, a maioria das variações está relacionada a alterações mínimas no genoma. Quando estas modificações são de somente um nucleotídeo, elas recebem o nome de *snps* – *single nucleotide polymorphisms*.

Uma análise crítica do DNA humano indica a presença de 1,4 milhão de *snps*. Assim, as diferenças genômicas entre pessoas devem-se a um conjunto particular de *snps* entre o 1,4 milhão. Por outro lado, como 95% do genoma não contêm genes, a maioria dos *snps* localiza-se nas regiões inativas.

Calcula-se que somente 60 mil *snps* estejam inseridos em genes, isto é, 1-2 *snps* em média por gene. Estimativas estatísticas mostram que 93% dos 30 mil genes humanos contêm variações de somente uma letra, ou seja, 7% dos genes contem dois ou mais *snps*. Os *snps* induzem, na maioria das vezes, mutações silenciosas, que mantém inalteradas as atividades dos genes, não causando doenças. No entanto, já foram identificados 1.100 genes com modificações naturais que se relacionam com cerca de 1.500 doenças humanas. Hoje, é razoável supor que, com os dados conhecidos do genoma pode-se analisar o padrão de genes em qualquer órgão de um indivíduo sadio e compará-lo com tecidos de uma pessoa doente. Isto fornecerá um diagnóstico jamais utilizado pela medicina – o diagnóstico das diferenças dos genes.

A técnica para realizar esse diagnóstico é baseada na nanotecnologia e conhecida como *biochip*. Os *biochips* são impregnados de fragmentos dos 30 mil genes humanos – genes referência de uma pessoa sã - e a detecção das diferenças se baseia no princípio que genes idênticos ligam-se entre si.

Biochips testados com tecidos de uma pessoa revelam se ela tem genes modificados ou não, mesmo quando não se conheçam suas funções. Com esta tecnologia detecta-se gene com até um *snp*. Análise genômica com *biochips* tem sido utilizada para distinguir diferentes leucemias e investigar diversos tipos de câncer. Apesar de ainda ser uma técnica muito dispendiosa, o *biochip* poderá ser rapidamente utilizado pelo mercado de diagnóstico.

A análise das variações genômicas de pessoas saudáveis ou de doenças é a principal estratégia usada pela indústria farmacêutica para desenvolvimento de novos fármacos e medicamentos. A medicina do futuro, utilizando-se de *biochips*, analisará riscos de doenças, prevenirá patologias com diagnósticos precoces e personalizará o tratamento desenvolvendo medicamento especial, de alta especificidade e baixíssimo efeito colateral, que restabelecerá as atividades dos genes modificados.

Brasília, março de 2001.

Medicina genômica

A revelação da seqüência do genoma humano, de grande significado para a humanidade, foi a parte mais fácil da história genômica. O funcionamento de um organismo é muito mais complexo do que a simples seqüência ou a soma de seus genes. O controle genético é refinado. Em certos momentos, um conjunto de genes é ativado para realizar uma determinada função no organismo ou desativado para encerrá-la. Fatores genéticos somados a fatores ambientais podem interferir nesta delicada modulação e instalar no organismo um processo patológico.

Nos próximos 50 anos a Ciência procurará entender como os genes agem e como são regulados, quantas proteínas codificam, como interagem genes e proteínas, como o ambiente influencia o sensível equilíbrio genético e como a medicina do futuro poderá intervir numa doença envolvendo genes.

O conhecimento do genoma humano levará a muitos benefícios e desafios nas áreas médicas e biotecnológica. Sob o ponto de vista prático, a variabilidade genética entre os indivíduos, por menor que seja e, o estilo de vida que é influenciado pelo ambiente, pode esclarecer as bases orgânicas das doenças. Mudanças no genoma ocorrem por adição de material genético ou por remoção de pedaços de genes. No entanto, a maioria das variações está relacionada a alterações mínimas no genoma. Quando essas modificações são em somente um nucleotídeo (polímero contendo quatro bases nitrogenadas, que podem ser diferentes entre si, e que estão ligadas ao açúcar desoxiribose e a um íon fosfato, ou seja, um nucleotídeo é a base nitrogenada + desoxiribose + fosfato; é a estrutura básica do DNA), recebem o nome de *snps*.

Uma análise do genoma humano indica a presença de 1,42 milhão de *snps*. A diferença genética entre duas pessoas se deve a um conjunto particular de *snps* entre os 1,42 milhão. Como 95%

do genoma não contêm genes, a maioria dos *snps* localiza-se nas regiões inativas, somente 60 mil snps estejam inserindo em genes, isto é, 1-2 *snps* em média por gene, considerando que o genoma humano contém cerca de 30.000 a 35.000 genes. Estimativas estatísticas mostram que 93% dos 30 mil genes humanos contêm variações de somente um nucletídeo, ou seja, 7% dos genes contêm dois ou mais snps. Os snps induzem, na maioria das vezes, mutações silenciosas que mantêm inalteradas as atividades dos genes, não alterando a regulação genética. Porém, já foram identificados mais de 1.000 genes com modificações naturais que se relacionam com cerca de 1.500 doenças humanas.

Para entender o alcance e a complexidade destes fatos, a comparação entre genes ativos ou desativados de um organismo saudável e um doente, poderá levar à descoberta dos genes envolvidos em uma alteração patológica e também ao desenvolvimento de drogas que atuem de forma específica sobre a doença. O hábito de fumar pode predispor o indivíduo ao câncer pulmonar, uma alimentação rica em gorduras pode causar doenças cardiovasculares e sol demais no verão pode levar ao câncer de pele, devido os raios ultravioletas. Não resta dúvida de que estes fatores, de alguma maneira, agem sobre determinados genes. Parar de fumar, diminuir a ingestão de colesterol ou utilizar creme de proteção solar, podem diminuir a incidência destas doenças. O que se investiga é como os fatores ambientais atuam sobre a regulação genômica e como esta atuação pode levar o organismo a desenvolver uma doença.

Nos próximos 10 anos, *biochips* impregnados de fragmentos de genes humanos ordenados e identificados permitirão um estudo, sistemático e rápido, de uma doença. Por exemplo, os *oncochips*, classe especial de *biochip*, permitirão diagnósticos genéticos exatos para cada tipo de câncer. Especialistas em genômica e bioinformática genéticas, identificando a doença. A biologia molecular estrutural permitirá que as moléculas responsáveis pela doença possam ser observadas em terceira dimensão e seus pontos frágeis visualizados. Isso permitirá que a química combinatória identifique compostos que se ligam a regiões sensíveis das moléculas, potencializando a descoberta e o desenvolvimento de novos medicamentos.

Síndromes como hipertensão, diabetes, obesidade, asma, depressão, entre outras, e doenças como o câncer, terão mecanismos moleculares claros, diagnósticos rápidos e prognósticos perfeitamente conhecidos. As enfermidades deixarão de ser classificadas pelos sintomas e vistas em certas categorias clínicas e serão enquadradas como desvios genéticos específicos. O tratamento levará em conta o mapa genético revelado pelos *biochips*. A medicina será personalizada.

Estes avanços tecnológicos levarão ao conhecimento de áreas do genoma – influenciadas pelo ambiente ou com potencial descontrole regulatório – responsáveis pela doença. Isto significa que as doenças deixarão de ser classificadas pelos sintomas e enquadradas em certas categorias clínicas e serão vistas como desvios genéticos específicos. Síndromes como hipertensão, diabetes, obesidade, asma, depressão e outras, terão mecanismos moleculares claros, diagnósticos rápidos e prognósticos perfeitamente conhecidos. O tratamento deixará de ser igual para todos os pacientes com a mesma sintomatologia. O medicamento, que levará em conta o mapa genético, será mais específico, balanceado, eficaz e não indutor de reação adversa. A medicina será mais personalizada.

Genes e ambiente estão envolvidos nas doenças. É ilusório pensar que a medicina do futuro, conhecida como medicina genômica, não levará em conta o estilo de vida de uma pessoa. Os atores envolvidos em sua utilização - governo, juristas, médicos, sanitaristas, pacientes, empresas e, em seu conjunto, toda a sociedade, viverão uma fase delicada da história genômica.

Há necessidade de se pensar em uma ciência com diferentes facetas. O conhecimento íntimo de como funcionam nossos genes e o desenvolvimento de uma cultura ambiental saudável, trarão o máximo de benefício a esta nova medicina. A esperança de nosso tempo, numa visão altruísta e nobre do que é a Ciência, é de que a compreensão de como os genes são regulados e transmitidos aumente as oportunidades, negócios e mercados, melhore nossos caminhos e traga o máximo de benefício para o futuro de nossa gente.

Brasília, julho de 2001.

A Pesquisa sobre células-tronco

O Presidente americano, George Bush, resolveu, finalmente, que os Estados Unidos vão financiar pesquisas com embriões humanos para obtenção de células-tronco. Entretanto, a liberação é limitada: somente os embriões descartados por clínicas de reprodução assistida e com autorização dos casais poderão ser usados. A criação de embriões exclusivamente para estudos e a clonagem terapêutica continuam proibidas. Apesar disto, não resta dúvida que esta decisão do presidente americano foi um avanço para a ciência e tecnologia. O presidente Bush acatou a pressão de centenas de cientistas e outras personalidades americanas e mundiais.

O que representa esta decisão norte-americana? Desde 1998 sabe-se que as chamadas células-tronco, obtidas a partir de embriões humanos de 5 – 7 dias, que ainda não possuem sistema nervoso, têm a capacidade de reproduzir-se praticamente sem limite e converter-se, uma vez estimuladas pelo ambiente orgânico através de sinais bioquímicos corretos, em células de quaisquer tipos: nervosa, ósseas, cardíacas, entre outras.

A maioria das células do organismo tem uma vida curta e uma missão específica para cumprir. As células-tronco são diferentes. Estas células, ancestrais das células comuns, não se limitam a gerar o tecido de forma descontrolada. Elas proliferam-se, ordenada e sincronicamente e constroem padrões normais de tipos celulares, podendo até formar vasos sangüíneos que nutrem o órgão.

Ratos infartados podem recuperar o tecido cardíaco destruído, por inoculação direta de células-tronco na lesão de um coração que bate 600 vezes por minuto. Animais dessa espécie, com câncer na medula óssea são curados quando tratados com células-tronco, isto é, este tipo celular repõe a medula óssea destruída.

Macacos com defeitos neurológicos causados durante a gestação, têm seus cérebros normalizados por enxerto cerebral de células-tronco. Estes dados sugerem fortemente que estas células serão curativas para doenças como a diabete, Parkinson, Alzheimer, vários transtornos cerebrais, lesões medulares, queimaduras graves e outras enfermidades.

Estes dados divulgados por cientistas, dentre outros fatos, levaram o presidente Bush a aprovar o financiamento com recursos públicos, com as restrições já descritas, de pesquisas que utilizem embriões humanos. A maioria de quem se opõe a essa investigação não questiona seu valor científico ou médico e sim o uso de embriões humanos. Alguns acreditam que as células-tronco de indivíduos adultos têm o mesmo efeito terapêutico das células obtidas de embriões. Recentemente, foi divulgada que o tecido gorduroso é uma fonte viável de células-tronco. A lipoaspiração poderia resolver o problema ético criando a possibilidade dessas células serem obtidas em grande quantidade e serem utilizadas pela própria pessoa, o que diminuiria os riscos de uma rejeição. Células-tronco obtidas de tecido gorduroso foram transformadas em músculos, ossos e cartilagens. Infelizmente, estas células não foram tão versáteis como as células embrionárias. Ainda vai demorar muito tempo para saber-se se as células-tronco de tecido adulto são equivalentes às células embrionárias, em termos de potencial para terapia.

O fato das células-tronco serem obtidas de embrião humano, normalmente desprezado nos tratamentos de fertilidade assistida, tem estimulado governantes, religiosos, advogados e a sociedade a discutirem esse assunto. O debate que está suscitando este tema é apaixonante. É uma discussão que está sobre a vida e a morte, sobre o bem e o mal. Deve-se abandonar este tipo de investigação e seu enorme potencial em salvar vidas? Que falta ética ocorreria em se fazer todo esforço possível para ajudar indivíduos que sofrem de alguma enfermidade? O que fazer com os embriões congelados que existem nas clínicas de reprodução assistida? Mantê-los congelado? Destruí-los? Ou utilizar seus valores terapêuticos? A sociedade, sempre atenta aos temas sobre saúde, quer fazer parte desse debate e buscar a solução.

Brasília, agosto de 2001.

As seringas voadoras

Os mosquitos transmitem doenças à cerca de 700 milhões de pessoas/ano, no mundo. Dessas, três milhões morrem, sendo em sua grande maioria, crianças com até 5 anos. Como analogia, pode-se dizer que 15 aviões, tipo Jumbo, repletos de crianças, são abatidos todos os dias do ano. Dos meninos e meninas, a maior parte está na África e morrem de malária.

Não bastasse tal doença, há ainda a dengue – que varre o Brasil a cada verão –, a febre amarela, leishmaniose, filariose. Desde que ficou patente a dificuldade de se desenvolver uma vacina contra malária e outras enfermidades ou de controlar os mosquitos transmissores da doença, cientistas de vários países do mundo estão discutindo alternativas para evitar a proliferação dessas doenças.

A mais recente estratégia é a "construção", no laboratório, de um mosquito geneticamente modificado, que interrompa a transmissão do vírus ou do parasita, ou mesmo que não seja mais atraído pelo ser humano ou ainda que deixe de se alimentar ou digerir o alimento. O que significa que, seriam inseridos genes nos mosquitos, que evitariam que microorganismos adquiridos pelos insetos, ao se alimentarem do sangue de uma pessoa infectada, fossem transmitidos a outro indivíduo. Também seriam inseridos genes que modificariam o comportamento alimentar dos mosquitos, impedindo-os de localizarem uma fonte de alimentação ou alterando seu processo digestivo levando-os à anorexia.

A maior dificuldade enfrentada pelos cientistas era, até pouco tempo atrás, implantar um ou mais genes no genoma dos mosquitos e conseguir transferi-los para suas futuras gerações. Com a descoberta de alguns *transposons* – seqüências de DNA que podem carregar os genes a serem inseridos no genoma dos mosquitos – como o *Hermes*, *mariner*, *Minos* e *piggyBac*, esse obstáculo deverá ser superado em breve.

Cientistas em vários laboratórios estão inoculando, em ovos embrionados de mosquitos, genes que interferem na transmissão de microorganismos pelos insetos. Quando os ovos eclodirem e os mosquitos chegarem à fase adulta, os genes inseridos deverão ser propagados por acasalamentos entre machos ou fêmeas geneticamente modificados com machos ou fêmeas normais. Assim, suas proles modificadas serão inofensivas ao homem.

As fêmeas dos mosquitos são consideradas agentes perfeitos para serem vetores de doenças, pois somente elas sugam sangue. Após o mosquito perfurar a pele do indivíduo, dois reduzidíssimos tubos são introduzidos em sua veia ou artéria. Enquanto um destes tubos bombeia o sangue, o outro inocula saliva, que contém substâncias que facilitam a sucção do sangue, e pode conter, se for o caso, vírus, bactéria ou parasita. Neste sentido, as fêmeas dos mosquitos são consideradas verdadeiras seringas voadoras.

Em várias pesquisas, cientistas estão inserindo genes nos mosquitos que aniquilam o vírus da dengue ou da febre amarela, que evitam que o Plasmódio – parasita da malária – penetre nas glândulas salivares e sejam transmitidos. Também fazem experimentos com os insetos fazendo-os rejeitar o sangue humano. E ainda inserem genes que tornam os machos ou as fêmeas estéreis.

Após o sucesso na produção de mosquitos geneticamente modificados no laboratório, os pesquisadores realizaram testes comportamentais, de consistência genética, para saber se os genes são expressos nas gerações seguintes e verificar a dinâmica de população para analisar a velocidade de espalhamento dos genes em uma população de insetos. Também criaram em ambiente artificial de contenção, ampliado, com temperatura e umidade controlada – mais próximo possível ao existente na natureza –, para analisar se os mosquitos modificados são ou não bons vetores. Depois disso, o próximo passo será a liberação do mosquito transgênico no meio ambiente onde exista a doença.

Esse foi o ponto crucial debatido em reuniões recentes na Inglaterra e nos Estados Unidos. Lá foram apreciadas questões a respeito do local onde os testes de campo poderiam ser realizados, que tipo de dados deveriam ser coletados e como os insetos modificados seriam monitorados na natureza.

A possibilidade do acasalamento entre insetos geneticamente alterados e insetos normais produzir um superinseto, mais perigoso e resistente e, do gene inserido no genoma do inseto ser transmitido para outras espécies por transmissão direta (horizontal), foi minimizada pelo uso, na transgênese dos mosquitos, de *transposons* já existentes na natureza, portanto, de risco conhecido e mínimo.

Sem dúvida, a maior questão na liberação de insetos "engenheirados" na natureza não é mais científica e sim de caráter social. Ainda temos no ar os ecos e os rumos lamentáveis que a discussão sobre alimentos transgênicos tomou. A sociedade precisa saber os riscos e benefícios na utilização de mosquitos modificados. Como benefício, está claro, por exemplo, que haverá uma redução drástica do número de casos de dengue, febre amarela e malária. Mais ainda, a população que sofre com as doenças cujos vetores são insetos e que já viu milhares de amigos e familiares adoecerem ou mesmo falecerem devido a uma infecção viral ou parasitária transmitida pelo mosquito, compreenderá com maior facilidade os benefícios da liberação na natureza de insetos modificados.

A sociedade, sempre atenta aos grandes temas que buscam a melhoria da saúde pública, deve estar aberta ao debate na busca de uma solução racional e tecnicamente viável para essa nova maneira de controlar as doenças transmitidas por vetores. E, assim, minimizar o sofrimento da população.

Londres, setembro de 2001.

O lado escuro da clonagem

Ao ler a notícia de que investigadores da empresa *Advanced Cell Technology Inc.(ACT)*, Massachussetts, EUA, tinham obtido sucesso na clonagem de um embrião humano, passou-me pela cabeça a imagem de Frankenstein. A técnica utilizada foi a mesma empregada para obtenção da ovelha *Dolly*: retira-se o núcleo do óvulo e implanta-se o núcleo obtido de uma célula adulta, neste caso, célula da pele. A empresa explicou que o objetivo do projeto não era a duplicação de um ser humano e sim conseguir extrair, do embrião clonado, células-tronco – aquelas capazes de se transformarem em quaisquer tecidos do organismo. O doador de núcleo celular implantado poderá receber, sem rejeição, em tese, células que poderão combater o câncer, AIDS, Síndrome de Down, glaucoma, doença de Parkinson, hepatites, diabetes, infartes, entre outras doenças. Este assunto polêmico rapidamente levantou um intenso e complexo debate político, ético, legal e religioso.

É necessário esclarecer os pontos duvidosos do processo da clonagem. Um primeiro ponto a ser considerado é a baixa reprodução do método em várias espécies animais. De uma maneira geral, somente menos de 1% das clonagens, nas espécies susceptíveis, resultam no nascimento de um animal vivo. Em qualquer atividade biológica, o sucesso de 1% é considerado um fracasso, um acidente biológico. Os clones sobreviventes não são considerados a regra, mas sim as exceções. Em vários animais a clonagem parece desenvolver sérias anomalias nos embriões. Foram relatados embriões anormais contendo células com cromossomos ausentes, ou contendo mais de um núcleo, ou mesmo com aparência de células cancerígenas.

No artigo da empresa ACT, publicado no *The Journal of Regenerative Medicine*, os autores clamam que foram os primeiros a demonstrar a formação pronuclear – um tipo de núcleo observado somente em ovos fertilizados e a primeira divisão em um embrião humano. No entanto, especialistas fizeram críticas contundentes a este artigo. As células-tronco são geradas em embrião com idade de cinco dias. O mais importante é que o embrião tenha formado um blastócito – uma esfera de células envolvendo as células-tronco. O embrião divulgado pelos pesquisadores da ACT não tinha chegado a este grau de desenvolvimento. Mais ainda, alguns cientistas, mais críticos, admitem que os ovócitos podem se dividir algumas vezes sem a utilização de seus genes. Se isto é válido, as poucas divisões das células divulgadas pela ACT podem significar que a experiência não tenha alcançado seu objetivo, que era a produção de células-tronco.

E agora o ponto mais crítico. A maioria dos ovos clonados pelos investigadores da *ACT*, morreu sem se dividir. Na melhor tentativa, relatada no artigo publicado, obteve-se um grupo de células que chegou a um estágio de desenvolvimento embrionário de 6 células. Este fato demonstrou que havia um problema no embrião. Sabe-se que quando uma célula se divide, ela forma duas outras. Ou seja, uma célula se torna duas células, duas células se transformam em quatro células, quatro células geram oito células – e não seis células como foi divulgado no artigo. O que ocorreu neste processo ainda não foi explicado.

Não resta dúvida de que a clonagem é um importante avanço para a ciência e tecnologia. Mas, muitas coisas ainda deverão ser investigadas para compreender e melhorar a técnica da clonagem. Por exemplo, ainda não se sabe quais as conseqüências da lesão mecânica causada pela penetração de uma agulha fina para retirar o núcleo do óvulo. Experimentos controles têm demonstrado que a simples remoção do núcleo do ovócito, como se fôssemos realizar uma clonagem, a devolução deste mesmo núcleo à mesma célula, seguido de sua fertilização, pode produzir um alto percentual de embriões anormais.

O próprio Dr. Ian Wilmut, o cientista que clonou a *Dolly*, tem dito em suas conferências que a técnica de clonagem ainda não foi dominada em sua essência. Enquanto cientistas têm clonado com sucesso ovelhas, bovinos, camundongos, carneiros, porcos e ratos, são incapazes de clonar coelhos, cães, gatos e outras espécies de macacos, entre outros.

Os investigadores necessitam esclarecer à sociedade seus sucessos e fracassos, suas vantagens e desvantagens. É importante que a sociedade compreenda este assunto para tomar decisões conscientes em futuro próximo. Numa época em que a Ciência, cada vez mais se legitima junto à população, é importante ter-se a noção mais clara possível das vantagens e desvantagens desta tecnologia.

Brasília, novembro de 2001.

O sexo colocado de lado

Estamos vivendo uma verdadeira revolução científica e tecnológica. Uma das grandes esperanças da medicina, neste século que acaba de começar, será a utilização de clones e células-tronco para transplantes de órgãos e tecidos, como solução para tantos males que afetam o ser humano. Há pouco, cientistas da empresa *Advanced Cell Technology* e da Escola de Medicina da *Wake Forest University*, ambas dos EUA, anunciaram os resultados espetaculares de experimentos alternativos a clonagem terapêutica. Foi demonstrado que de 77 óvulos de macacas, expostos a compostos que mimetizam substâncias existentes no esperma, 28 começaram a se dividir como se fossem embriões e desses, 4 continuaram a se desenvolver até o estágio de blastócitos, tipicamente com 50 a 200 células. Destes blastócitos, os pesquisadores puderam extrair células-tronco que se transformaram, por meio de estímulos químicos específicos, realizados durante 10 meses, em neurônios cerebrais, músculos cardíacos, músculos lisos e outros tecidos.

Esses experimentos, divulgados ao mundo no dia 1º de fevereiro de 2002, demonstraram que, para a reprodução, o sexo pode ser deixado de lado, desde que óvulos de animais superiores possam sofrer o processo conhecido como partenogênese – desenvolvimento do embrião sem a presença de esperma. Esse evento biológico está muito bem documentado em insetos e lagartos, mas não é normal nos animais superiores.

Embora nessa investigação, somente tenham sido utilizados óvulos obtidos de primatas, está levantada a possibilidade da produção de células-tronco de embriões humanos obtidos pela partenogênese, tornando essa técnica uma novidade estratégica importante para pacientes que sofrem de doenças degenerativas. Isto significa, que dentre as aplicações clínicas potenciais dessa metodologia, inclui-se o tratamento de doenças onde tipos específicos de células se tornam não funcionais, como nas doenças de Parkinson, Huntington, cardíacas e diabetes.

No entanto, tais aplicações seriam utilizadas, muito provavelmente, em mulheres com idade reprodutiva e não beneficiariam os homens, devido ao fato do embrião produzido por partenogênese ser somente do sexo feminino. Como o homem não produz óvulos, o uso de células-tronco contendo somente genes provenientes de óvulos, seria convidativo à rejeição do tecido feminino pelo homem receptor. Um outro fator importante é que a biologia tem seus mistérios. Uma coisa é conseguir que óvulos de primatas façam partenogênese; outra coisa é conseguir o desenvolvimento de óvulos obtidos de mulheres. Mais ainda, uma coisa é conseguir óvulos de macacas; outra coisa é obter óvulos de mulheres. Seria difícil, atualmente, obter óvulos de mulheres por doação. O mais provável será que a produção de células-tronco humanas, por partenogênese, venha a introduzir na sociedade um novo comércio: a permuta de óvulos humanos por dinheiro.

Alguns pesquisadores acreditam que a utilização dessa tecnologia para obtenção de células-tronco é mais eticamente aceitável, pois o embrião é obtido assexuadamente. Outros duvidam que a partenogênese satisfaça os pontos éticos levantados na pesquisa de células-tronco obtidas por embriões congelados ou mesmo pela clonagem terapêutica. Essa linha de raciocínio mostra que, se o embrião gerado por partenogênese possuir propriedades de embrião obtido pela fecundação do óvulo por espermatozóide, ele continua sendo um embrião. Sugerir que tal embrião é mais aceitável porque não se desenvolve em feto, é argumento que não satisfaz a visão mais holística desse grupo.

Estamos vivendo um novo paradigma. Clonagem, células-tronco ou embrião humano adquirem significados diferentes frente aos novos dados científicos que são apresentados à sociedade. Esses conhecimentos afetam as crenças mais íntimas de muitos cidadãos. Certamente, um debate mais intenso e mais complexo, que envolva não somente cientistas, advogados, religiosos e políticos, mas a sociedade em geral, nos ajudará a construir uma ética mais adequada à medicina do século XXI.

Genebra, fevereiro de 2002.

O ataque dos clones

A comunidade científica internacional está tomando conhecimento, com reserva e ceticismo, que o Dr. Severino Antinori, médico italiano, especialista em fertilidade, pode ter clonado um ser humano – que está sendo gerado há oito semanas no útero de uma mulher. Quando isso tudo começou? O que significa essa notícia?

No início do século passado, o cientista alemão Hans Spemann separou duas células de um embrião de salamandra e descobriu que cada uma das células separadas desenvolvia uma pequena salamandra. Na década de 30, Spemann, o pioneiro da técnica envolvendo a transferência nuclear, propôs um novo tipo de reprodução: a fusão de um núcleo celular com um óvulo cujo núcleo tinha sido removido. Dando origem a um ovo reconstituído. No início da década de 1960, o biólogo J. Gurdon, da Universidade de Oxford, utilizou essa técnica pela primeira vez com sucesso, para reproduzir rãs. Pouco tempo depois, J. Haldane, para descrever esse tipo de experimento, cunhou o termo *clone*. Associados as esses eventos da evolução da clonagem, acrescentamos a descoberta da estrutura dupla hélice do DNA, o seu mecanismo de replicação, fusão celular, inserção de fragmentos de gene ou do próprio gene no DNA, a hibridização de células, cultivo de células-tronco, a fertilização *in vitro* e a reprodução assistida, como recursos para casais inférteis, entre outros. Essas descobertas levaram à possibilidade da clonagem.

Nos dias atuais, a embriologia moderna passou a ter um destaque semelhante ao da física atômica no século passado. Talvez, o estrago que a clonagem faça seja pior que os efeitos da bomba atômica. Como conseqüência ao famoso bebê de proveta, a revolução biológica está levando o ser humano a conviver, quase que diariamente, com notícias sobre vacinas de DNA, diagnósticos moleculares, terapia gênica, manipulação de embrião, clonagem reprodutiva ou terapêutica, animais "humanizados" que são doadores de órgãos para transplantes no homem, células-tronco que podem gerar diferentes tipos de tecidos que não são rejeitados pelo organismo. De uma simples clonagem de rãs, a humanidade está chegando à reprodução clonal do ser humano.

O clone humano é a produção de seres humanos geneticamente idênticos. A clonagem, geralmente envolvendo a transferência nuclear, é conceitualmente um processo simples. O material nuclear é removido de um óvulo (célula sexuada que possui a metade do número de genes, pois a outra metade vem do espermatozóide) e neste óvulo, agora anucleado, é inserido o núcleo de uma célula somática que já possui toda a carga genética, através de uma microinjeção ou eletrofusão, dando origem a um ovo reconstituído.

Esse ovo pode se dividir em blastócito – célula obtida após 5-7 dias do desenvolvimento do embrião, ou seja, após 50-200 divisões iniciais - que, se implantado em útero humano poderá se desenvolver em um embrião geneticamente idêntico ao da pessoa doadora do núcleo da célula somática. Se não for implantado poderá ser uma excelente fonte de células-tronco.

Estes são os dois tipos de clonagem humana: a reprodutiva e a terapêutica. A clonagem reprodutiva produz um ser geneticamente idêntico ao do indivíduo doador. Esse tipo de clonagem tem sido sugerido como recurso para casais inférteis que são incapazes de conceber uma criança por um outro método de reprodução assistida. A clonagem terapêutica visa a obtenção de células-tronco embrionárias geneticamente idênticas ao doador. Essas células poderão ser diferenciadas em células que sejam necessárias para o tratamento de várias doenças degenerativas – cardíaca, nervosa, óssea, diabetes, Parkinson, Alzheimer, lesão medular – ou em casos de queimaduras graves.

A clonagem reprodutiva, já foi realizada em ovelhas, carneiros, bovinos, camundongos, suínos, macacos e coelhos, e poderá ser usada em outros mamíferos, incluindo o ser humano. A maioria dos cientistas é contrária a esta clonagem alegando os problemas observados no desenvolvimento, morfologia e fisiologia dos animais clonados.

A principal dificuldade é a baixa eficiência do ovo reconstituído se desenvolver completamente em um embrião normal. Um animal clonado nascido com sucesso é equivalente a mais de 100 óvulos anucleados reconstituídos, ou seja, o processo possui aproximadamente 0,5% de eficiência. Se a clonagem humana tiver essa mesma eficiência, um grande número de óvulos seria necessário para gerar uma criança. Uma outra dificuldade seria a doação, pelas mulheres, de óvulos a serem clonados.

Outro argumento contrário à clonagem reprodutiva é a alta freqüência de anomalias e sérios defeitos que têm sido observados no desenvolvimento dos pouquíssimos animais clonados nascidos com vida. Cerca de 1/3 dos mamíferos clonados que viveram, apresentaram um tamanho exagerado ao nascer, tiveram órgãos internos desproporcionais, problemas respiratórios e circulatórios, além de envelhecimento precoce como o descrito na ovelha Dolly, o primeiro animal clonado. Os outros 1/3 desses animais nascidos tiveram somente alguns dias de vida. E os demais 1/3 dos que viveram ainda continuam em observações.

Na clonagem terapêutica, os blastócitos clonados não são implantados em úteros e podem ser cultivados e imortalizados no laboratório como células-tronco. Devido ao fato de serem geneticamente idênticas, as células não desenvolvem resposta de rejeição imune – como o tecido transplantado normalmente faz – se utilizadas pelo indivíduo doador do núcleo.

A objeção a esse tipo de pesquisa vem do fato de que um embrião humano de 5-6 dias será destruído para obtenção de células-tronco. Os oponentes a esta linha de investigação sugerem o uso de outras alternativas para obtenção de células-tronco, como as obtidas de embriões descartados nas clínicas de reprodução assistida e células extraídas de pessoas adultas.

No primeiro caso, as células-tronco não seriam geneticamente idênticas às do paciente e seria necessário o uso de drogas imunossupressoras para evitar a rejeição. Esses medicamentos são caros, inconvenientes e provocam vários efeitos colaterais. No segundo caso, as células-tronco obtidas de tecidos adultos do paciente são de difícil isolamento, possuem um potencial de proliferação restrito e a transformação em outros tecidos é limitada. As células-tronco obtidas de indivíduos adultos têm ação infinitamente menor se comparadas às células embrionárias. A comunidade científica está atenta. O debate relacionado à clonagem reprodutiva humana se refere ao direito da criança clonada não ser exposta a um risco excessivamente alto de ter anormalidades físicas. E mesmo se esse risco diminuísse, continuaria a oposição de religiosos e éticos a esse tipo de tecnologia. A discussão sobre a clonagem terapêutica envolve os benefícios ao paciente contra o custo ético de destruir um embrião. Muitos consideram que um embrião de 6 dias, mesmo tendo um sistema nervoso rudimentar, é um indivíduo que deve ter seus direitos humanos fundamentais respeitados e sua destruição é equivalente a um assassinato.

A rejeição à clonagem humana vem de valores morais e religiosos enraizados em nosso sistema social. Serão necessárias pesquisas que estabeleçam maior segurança para as mães e para as crianças clonadas, bem como esclarecimentos à sociedade das vantagens da clonagem. Mas uma pergunta fica no ar: qual o valor da vida de uma pessoa adulta, ou mesmo de uma criança, que necessita de células-tronco para tratar de uma doença ou lesão, ou qual o valor de um embrião de 6 dias – que é considerado um pouco mais do que uma massa de células – que pode salvar ou dar uma melhor qualidade de vida a este cidadão?

Niterói, abril de 2002.

DNA-lixo ou DNA-luxo?

Recentemente, O Consórcio Internacional de Seqüenciamento do Genoma de Camundongo, formado por várias instituições americanas e inglesas, anunciou a elucidação sofisticada do mapa genômico (seqüência do DNA) desse animal, que é considerado o mais importante modelo para a pesquisa biológica e biomédica. Os camundongos são animais extremamente importantes como "ferramentas" de pesquisa, por exemplo, para investigar doenças como a diabete, síndrome de Down, asma e ateroesclerose, entre outras. A seqüência demonstra a disposição dos pares de nucleotídeos das letras A, T, C, e G no DNA do camundongo. Qual a importância dessa revelação?

Os dados comparativos entre o genoma humano e do camundongo servem para compreender melhor o processo de ativação e desativação dos genes. Os mesmos pesquisadores que divulgaram a seqüência do genoma humano decifraram aproximadamente 96% do genoma do camundongo e mostraram que as instruções genéticas desse animal são muito semelhantes às do genoma do ser humano.

Os dados divulgados, obtidos de cerca de 33 milhões de reações químicas diferentes e analisados por milhares de horas por algoritmos computacionais por bioinformáticos, mostram que o DNA do camundongo, que tem aproximadamente 30.000 genes – 22.500 já foram identificados – apresenta poucas diferenças quando comparado com o mapa do genoma humano, que possui o mesmo número de genes.

A maioria dos genes do roedor, espalhada em 20 cromossomos, é estruturalmente similar aos genes humanos, dispersos em 23 cromossomos. Isto não é uma surpresa. Seres mais distantes evolutivamente apresentam inúmeros genes semelhantes aos genes humanos. O mais intrigante foi a revelação de que 250.000 regiões que representam o DNA-lixo (seqüência do DNA que não codifica nenhum gene) do camundongo possuem seqüências similares às do ser humano.

O que isto pode indicar: o DNA-lixo está envolvido na regulação genética? Ele regula a ativação e desativação dos genes? O DNA-lixo pode representar genes que ainda não conhecemos? Porque a natureza preserva o DNA-lixo? O que está claro com a revelação do mapa genômico do camundongo é que o DNA-lixo deve ser suficientemente importante para ser mantido nos genomas humano e do camundongo.

No entanto, também foram encontradas algumas diferenças. Enquanto o DNA do camundongo possui 2,7 bilhões de letras, o genoma humano tem 3,1 bilhões. Isto significa que o mapa genômico do camundongo é cerca de 15% menor do que o DNA humano. Uma das diferenças de destaque refere-se, por exemplo, aos genes relacionados ao olfato. O camundongo possui muito mais genes conectados aos receptores do olfato. É conhecido que o camundongo possui um fantástico senso olfativo e parece que isso se deve a seus genes. Esse animal tem suas especialidades biológicas que podem ser críticas para análise das diferenças moleculares entre o homem e o camundongo.

Apesar do artigo ainda não ter sido publicado em revista científica, análises preliminares dos genomas do camundongo e do homem confirmam o que já era imaginado pelos biólogos: há 100 milhões de anos camundongos e homens tiveram um ancestral comum. Por outro lado, deve ser importante o DNA-lixo ter sido estável nos 100 milhões de anos de evolução que separam o homem do camundongo. Mas, isto não é nada se comparado com o código de informação genética que vem de uma evolução de mais de 6 bilhões de anos de estruturas similares as que chamamos hoje de células.

Em abril do próximo ano serão comemorados os 50 anos do aniversário da descoberta da estrutura helicoidal do DNA por Crick e Watson. Até lá teremos mais clareza do que representa e de como são controlados nossos genes. Já sabemos, por exemplo, que não é verdade a idéia de que quanto mais sofisticado for um animal mais genes ele possui. A complexidade de um organismo vem do modo como seus genes interagem. Quanto mais mapas genômicos forem feitos, mais próximos estaremos das moléculas a níveis individuais e de suas interações. Mas, há mais mistérios no ar do que são contemplados pela nossa vã filosofia.

Brasília, maio de 2002.

O homem à semelhança de Deus

Todos nós nos lembramos do filme de Steven Spielberg, *Jurassic Park*, onde partindo de um mosquito fóssil que tinha se alimentado de sangue em um dinossauro, cientistas clonaram uma espécie de animal, extinto há milhares de anos.

Recentemente, a sociedade tomou conhecimento de que o vírus da poliomielite, causador de tantos sofrimentos, poderia ser sintetizado quimicamente no laboratório. Ou seja, a partir da união nas posições corretas de uma série de substâncias químicas chamadas nucleotídeos, nasceu o vírus que infecta célula e causa a doença.

Poderá a ficção científica tornar-se uma realidade? Nas últimas semanas, cientistas australianos e japoneses divulgaram seus projetos para clonar animais extintos a partir de tecidos conservados, abrindo as portas para o renascimento desses animais.

Quais foram os animais extintos escolhidos? Um deles animais é o tigre tasmaniano, conhecido como Tilacine, uma mistura de tigre, lobo e hiena. Parente próximo do canguru e do coala, o animal era um marsupial carnívoro que existia na Austrália. Sua extinção começou com a chegada dos Europeus na Ilha de Tasmânia em 1880. Os novos fazendeiros começaram a criar ovelhas, alimento predileto dos Tilacines. Os próprios fazendeiros começaram a dizimar estes predadores para salvar suas ovelhas. No início do século passado a espécie passou a ser protegida por perigo de extinção. Infelizmente o último exemplar de Tilacine, chamado Benjamin, morreu no Zoológico de Hobart, em 1936.

O outro animal extinto a ser clonado é o mamute, primo próximo e muito parecido com os elefantes indianos. Os mamutes foram extintos há cerca de 10.000 anos. Eram animais herbívoros e que apareceram no planeta a quatro milhões de anos.

Como estão sendo planejados os experimentos destes cientistas? Os cientistas australianos anunciaram que conseguiram desenvolver em laboratório um DNA conseguido de músculos e ossos de um Tilacine bem conservado em álcool desde 1866. A replicação (capacidade do DNA em se duplicar) indicava que o DNA recuperado tinha uma qualidade suficientemente boa, para ter função em uma célula viva. O passo atual está na produção de uma biblioteca contendo todos os genes do Tilacine. Esta biblioteca genética servirá de base para a construção de cromossomos sintéticos que serão usados para a clonagem reprodutiva. Provavelmente, estes cromossomos servirão para fertilizar um óvulo que será recebido por um útero emprestado de uma espécie como o canguru ou o coala.

No caso do mamute, os cientistas japoneses estão utilizando tecidos obtidos das pernas e testículos de um mamute morto em uma avalanche de gelo a 25.000 – 30.000 anos. Este animal foi encontrado em um excelente estado de preservação em 1994. Neste caso os cientistas estão seguindo dois caminhos.

O primeiro baseado na técnica da reprodução assistida, envolve a fertilização de uma fêmea de elefante indiano com o esperma do mamute preservado. Numa técnica de melhoramento genético animal conhecido como "puro por cruza", pretende-se repetir a fertilização com as fêmeas que nascerem desta primeira manipulação reprodutiva. Calcula-se que em 50 anos, seguindo esta técnica, será produzido um animal que é 88% mamute.

A segunda técnica explorada pelos cientistas japoneses é semelhante à utilizada para o Tilacine. Envolver a clonagem reprodutiva do mamute utilizando-se o DNA obtido dos tecidos preservados e óvulos. Certamente, o embrião deverá se desenvolver no útero emprestado de uma fêmea de elefante indiano.

Alguns mais céticos questionam esta ciência *Frankenstein* e não apóiam estes tipos de experimentos. Outros a favor argumentam que a ovelha *Dolly* era impossível há 10 anos atrás. Outros ainda levantam questões éticas da clonagem e muitos acham que não haverá parentes tão próximos do mamute e do Tilacine que possa manter um embrião produzido com o material genético preservado. Só a Ciência poderá responder estas questões.

Genebra, agosto de 2002.

Ciência e ética

Dias atrás, na Inglaterra, nasceram cinco porquinhos clonados, que foram saudados como um passo a mais, na longa estrada para os humanos receberem órgãos transplantados de animais. Um deles morreu de causa desconhecida logo após o nascimento.

Cientistas conseguiram retirar dos porquinhos um gene duplo que sintetizava um composto que desencadearia uma violenta rejeição se o coração de um desses animais, por exemplo, fosse transplantado em um ser humano – xenotransplantes. Como os mamíferos possuem duas cópias deste gene que codifica uma proteína – a enzima alfa 1,3 galactosil transferase – que produz um açúcar na superfície das células dos suínos, o qual é reconhecido imediatamente pelo sistema imunológico como estranho ao organismo, a presença deste açúcar significa que qualquer órgão transplantado do porco seria rejeitado.

Portanto, realizar a inibição de uma destas cópias é um passo vital para a produção de suínos com órgãos que poderão ser usados pelos humanos. O próximo passo será inviabilizar a outra cópia do gene e inibir a rejeição.

Embora haja uma grande demanda para utilizar nossos tecidos para transplantes, o primeiro transplante porco-homem ainda está muito longe de acontecer. Antes de tudo, esta tecnologia dos xenotransplantes terá que ser aprovada em testes clínicos, permanecendo o estudo de questões de segurança e jurídicas, bem como a aceitação pública para este procedimento.

Os xenotransplantes são eticamente controversos. A utilização de órgãos entre espécies representa o uso dos animais de uma maneira nunca realizada pelo ser humano. Não se sabe, por exemplo, o que significaria a retirada das duas cópias do gene para a vida do animal. Será necessário um exame minucioso da saúde dos suínos sem as duas cópias do gene.

O uso de animais como doadores de órgãos somente seria justificado se comprovadamente causasse uma grande redução de uma enfermidade terminal e um aumento significativo da qualidade de vida, a qual não poderia ser alcançada de outra maneira. Se a vantagem for somente a extensão da vida por poucos meses, este tipo de transplante dificilmente será recomendado. Ainda será necessário contornar as dificuldades técnicas e de segurança deste procedimento. A possibilidade de o órgão animal conter algum tipo de vírus que poderá vir a ser transferido ao humano, no momento do xenotransplante, permanece um grande risco. Não somente o paciente como seus familiares também teriam que ser monitorados para diminuir o risco de um vírus suíno nocivo ser transmitido e se espalhar para a população. Há também incertezas sobre como o órgão animal funcionaria no corpo humano. Por outro lado, alguns acreditam que os avanços recentes nos estudos de células-tronco embrionárias e de adultos tornam os xenotransplantes não necessários. Mas ainda ninguém pôde responder à questão de como o uso de células-tronco resolverá o problema da substituição de tecidos doentes ou se os xenotransplantes removerão todas as barreiras técnicas. Se do ponto de vista do desenvolvimento científico, ambas as investigações devem continuar, do ponto de vista ético deve-se ter uma convincente justificativa para prolongar a vida humana, em detrimento da vida animal.

Bangkok, setembro de 2002.

O parasita, o mosquito e o homem

Recentemente, a imprensa mundial anunciou que 160 cientistas de dez países, conjuntamente, em Londres e em Washington, divulgaram as seqüências genéticas que formam os genomas do parasita (*Plasmodium falciparum*) e do mosquito (*Anopheles gambiae*), cem anos após a descoberta de que mosquitos transmitem a Malária ao ser humano, vítima da doença. A malária é responsável pela mortalidade de 2,7 milhões de pessoas anualmente, 90% delas na África e geralmente são crianças menores de cinco anos. Ou seja, uma criança morre de malária em algum lugar do planeta a cada 30 segundos.

Como já se dispõem das informações relacionadas ao genoma humano, as três seqüências de DNA representam uma revelação única e extraordinária – pela primeira vez se conhece os genes dos três organismos envolvidos em uma enfermidade, parasita, mosquito e ser humano. O genoma do Plasmódio possui aproximadamente 5.300 genes distribuídos em 24 milhões de pares de base química do DNA. Na seqüência genômica do mosquito foram encontrados cerca de 14.000 genes em 278 milhões de pares de base. O genoma do ser humano possui 31.000 genes e um DNA com três bilhões de pares de base.

Com estes dados genômicos tudo parece favorecer o tratamento e controle desta doença. Pode-se imaginar que os cientistas irão criar novas estratégias e oportunidades para melhorar o combate a malária. Estas informações poderão ser traduzidas em uma combinação de esforços para o desenvolvimento de novas drogas, vacinas e inseticidas mais efetivos no controle da doença. Também poderão ser identificados genes dos receptores que os mosquitos utilizam para detectar o ser humano e assim permitir o desenho de novos repelentes que diminuíram o contato do mosquito com o ser humano e, conseqüentemente, a incidência desta enfermidade, bem como ser conhecidos genes envolvidos no desenvolvimento do parasita no mosquito ou na preferência dos mosquitos sugarem sangue no ser humano, e bloqueá-los.

Este é um momento importante na história da ciência: o poder da tecnologia moderna gerando conhecimento da intimidade gênica e dos mistérios de uma doença milenar, que ainda continua dizimando milhões de pessoas. No entanto, não se deve ser tão otimista de que com estas seqüências de genes tudo será resolvido, mas de que estes dados constituem uma vitória para a genômica como instrumento básico para compreensão das doenças e de novos tratamentos.

Rio de Janeiro, outubro de 2002.

Clonar ou não clonar: eis a questão

Um dos assuntos científico mais apaixonante neste início de século refere-se ao debate mundial sobre se deve ser realizada ou não a clonagem humana. Os representantes do Congresso americano acabaram de decidir a proibição do uso desta tecnologia para clonagem humana, incluindo a clonagem terapêutica, a qual os cientistas acreditam ser a chave para tratamento para várias doenças degenerativas, como doença de Parkinson, Alzheimer, diabetes e lesões no tecido nervoso.

O principal argumento utilizado, baseado no "*lobby*" dos conservadores e do movimento contra o aborto, foi que a clonagem humana com a finalidade terapêutica é baseada na destruição de embriões de 4 dias de idade, processo acreditado por eles ser um assassinato.

Argumento oposto a este se baseava nas centenas de embriões que são descartados pelas clínicas de fertilização in vitro e seus usos para pesquisa que poderiam levar ao tratamento de pessoas necessitadas.

Os cientistas estão profundamente divididos sobre esse assunto, mas mesmo os mais conservadores não são claros sobre os descartes dos embriões ou a sua utilização em pesquisas. A questão básica é: quando um ser humano se torna um ser humano?

Os especialistas em ética argumentam, e com razão, que o problema não está em quando a vida começa, mas na utilização dos embriões que são descartados pelas clínicas de reprodução assistida. Também garantem que na era da globalização, leis nacionais obviamente não são suficientes.

Enquanto a maioria dos cientistas se opõe a clonagem humana que leva ao nascimento de uma criança, também conhecida como clonagem reprodutiva, vários pesquisadores apóiam a clonagem terapêutica. Nesta mesma linha cerca de 40 cientistas laureados com o prêmio Nobel se manifestaram.

O embrião de 4 dias de idade possui células-tronco que são aquelas que teoricamente podem desenvolver-se em qualquer tecido do organismo. Os cientistas esperam induzir este desenvolvimento para criar células que poderão substituir as células afetadas pela doença.

Pelo uso de células-tronco adquiridas de um clone do paciente acredita-se que será evitada a rejeição das células pela resposta do sistema imune, fato tão comum na medicina atual.

Este é o ponto crucial que tem permeado o debate travado pelo mundo afora. Alguns cientistas acreditam que este debate é inconsistente pois o embrião de 4 dias não é um feto, e sim um amontoado de células indiferenciadas, sem o mínimo sinal de um tecido mais organizado, como o sistema nervoso, por exemplo.

Outros acham que as células-tronco podem ser retiradas de pessoas adultas, como do tecido gorduroso ou sangüíneo. No entanto ainda não há base científica que demonstre com clareza que células-tronco adquiridas de um tecido adulto possam se diferenciar em qualquer tipo de tecido.

Uma das críticas científicas mais profunda contra a clonagem terapêutica é a dúvida de que ela responderá as questões relacionadas às necessidades terapêuticas da pessoa e à resposta imune. Ainda não existem dados consistentes para responder a este questionamento.

Este mesmo grupo de cientistas acredita que o tratamento personificado seria muito dispendioso, o melhor seria "engenheirar" células-tronco que evitariam a rejeição imunológica de várias pessoas.

De qualquer maneira, a sociedade brasileira deve começar o debate e agir com discernimento em questões como quando a vida humana começa, se autoriza à clonagem terapêutica ou as pesquisas com células-tronco, e pesar bem o fato da ciência tentar socorrer as pessoas que necessitam de tratamento para doenças que hoje não têm cura contra a possível eliminação de um amontoado de células em um embrião de 4 dias.

Washington, março de 2003.

Pesquisa, riscos e progresso

Hoje a revolução biológica tem como base à pesquisa na genômica, proteômica, clonagem, manipulação gênica e células-tronco. A sociedade encontra-se dividida entre o caminho de apoiar e avançar as pesquisas nessas áreas ou permanecer estagnada, deixando o ouro tecnológico escorrer pelas mãos. Mas temos um dilema: a rápida difusão destas tecnologias de forma sensacionalista, por pessoas não cientistas. Alguns exploram questões não científicas e sim éticas ou morais. Outros acreditam que seguindo este rumo, a pesquisa biológica resultará em um futuro tirado das páginas do livro "Admirável mundo novo".

A ciência não tem métodos para decidir sobre uma questão ética ou moral. Este é um problema da sociedade. Mas, o cientista pode e deve esclarecer questões conceituais equivocadas levantadas pela população. Por exemplo, as pesquisas com células-tronco, incluindo o tratamento de algumas de nossas doenças degenerativas e possibilidades de desenvolver células sanguíneas, pele, cartilagem, osso, ou mesmo órgãos como o pâncreas e o fígado, tornaram-se mais do que promessa. Resultados destas pesquisas estão sendo publicados nas melhores revistas científicas do mundo. Mas, apesar disto, estas pesquisas estão sendo atacadas por segmentos da sociedade.

Os cientistas podem explicar que não se deve nem limitar as variedades genéticas das células-tronco para não dificultar o desenvolvimento do conhecimento e a compatibilidade genética com os indivíduos. A questão básica e complicada que precisa ser respondida é quando a vida humana começa? Quando um punhado de células, sem o menor vestígio de sistema nervoso, merece a proteção legal da sociedade? Estes questionamentos ressoam como um ponto central de nossos valores éticos e morais e são pontos religiosos importantes.

A área da clonagem humana é interessante. Mas há preocupações. A clonagem de um organismo pressiona e desvirtua, ou pelo menos deixa de lado a reprodução natural. Logicamente, a clonagem estará modificando e não assegurando a distribuição randômica de nossa variabilidade genética.se a ciência for em direção à clonagem humana – e parece que está indo – isto poderia lesionar severamente o futuro do clone por deixar de lado nossa diversidade genética que evolui há milhares de anos. Os clones estariam geneticamente vinculados à cópia de algum genoma e não aos processos naturais de vínculos resultados da evolução.

Na essência pela clonagem estará sendo criada uma cópia genômica, não da pessoa que doa o núcleo celular. Alguns acham que a clonagem poderia auxiliar os casais inférteis de terem crianças geneticamente semelhantes. Isto é uma verdade inútil. Quantas crianças são abandonadas por ano e não são adotadas? Quantas crianças estão sobre a guarda do Estado? Enquanto esta questão social não diminuir a clonagem humana continuará sendo uma causa frívola e egoísta para a sociedade. A clonagem não é negativa. De fato, é uma conquista que pode trazer um enorme impacto para vários setores da biotecnologia e da economia, abrindo portas e janelas de oportunidades para tratamento de doenças tidas hoje com mortais ou incuráveis e para processos tecnológicos jamais imaginados.

O mesmo se pode dizer dos organismos geneticamente modificados (OGMs). Milhares de doses de vacinas são produzidos por este método e aceitas pela sociedade. Porque então os questionamentos irracionais, subjetivos e baseados em evidências empíricas das plantas transgênicas? A modificação genética, como qualquer um outro tipo de modificação biológica, do melhoramento animal ou vegetal, será do bem ou do mal. Será do bem se for em uma boa direção, ou do mal se for para uma má direção.

Para explorar estas tecnologias a sociedade terá que ter linhas morais e éticas bem estabelecidas. Homens e mulheres podem criar seus limites, e mais do que isto, fazer cumpri-los e respeita-los. Prevenir possíveis abusos tecnológicos deve ser prioridade da sociedade. Temos que estar atentos para identificar e prever possíveis inflações antes delas tornarem-se incontroláveis. Proibir a pesquisa não resolve o problema. O senso de segurança não é para ser enganado. A sensatez científica será a responsável pelo progresso tecnológico.

Washington, fevereiro de 2003.

Medicamentos e Vacinas

*"I like the dreams of the future better
than the history of the past.*
Prefiro o sonho com o futuro
a história do passado."

Thomas Jefferson

*"...the time is coming when there will be magic bullets to treat cancer
the way we now treat many infections diseases with vaccines and
antibiotics.*
...está chegando o tempo em que haverá drogas mágicas para tratar o
câncer,
da forma que tratamos hoje, com vacinas e antibióticos, inúmeras
doenças infecciosas."

Francis Collins

O grande desafio do fim de século

Pelo Brasil adentro encontramos uma população que vive em situações de miséria absoluta sem acesso a educação, desprovida de condições decentes de moradia e assolada pelas doenças características do estado de pobreza. A situação atual do país exige das instituições de pesquisa em ciência e tecnologia aplicadas à saúde pública, um papel ativo e de vanguarda na busca de soluções para a crise que atinge a área da saúde.

Por outro lado, o processo de globalização econômica impõe o aumento de competitividade das organizações, que só pode ser conquistada com investimentos bem aplicados. Em face das recentes mudanças na economia nacional – abertura econômica, redução do papel do Estado na economia, ênfase ao incremento da competitividade, da profundidade e da qualidade – e da tendência internacional de valorização do conhecimento e do aprendizado tecnológico, faz-se necessário que as instituições de pesquisa científica e tecnológica nacionais da área da saúde pública se adeqüem a estes novos paradigmas e encontrem alternativas de sobrevivência e possibilidade de respostas rápidas e exeqüíveis. De nada adianta postular o ingresso na modernidade, se a prática não corresponder ao discurso.

O grande desafio deste fim de século é fornecer condições adequadas para o desenvolvimento científico e tecnológico. No caso dessas instituições, isso significa proporcionar o bem-estar da população brasileira, dotando-a de melhor qualidade de vida e de pleno acesso à prevenção e terapêutica dos variados agravos que atingem nossa população.

Torna-se fundamental, portanto, o investimento em novas drogas, vacinas e terapias. Os recursos para esse fim não devem ser oriundos somente do setor público. Assim, o empresariado deve participar desse processo, garantindo maior capacidade financeira e agilidade. As atividades de pesquisa, desenvolvimento tecnológico e produção, podem ser realizadas mediante parceria entre o setor público, empresas e outras formas de organização da sociedade. Esperar unicamente pela transferência de tecnologia do exterior é aprofundar a crise existente, mesmo em tempo de economias globalizadas.

Observa-se, tendencialmente, uma enorme dificuldade de acesso às novas tecnologias relativas à saúde, por parte dos países em desenvolvimento, posto que as mesmas estão concentradas pelas grandes corporações multinacionais, que além de estarem se associando a determinados setores de ponta – a produção de vacinas por engenharia genética, por exemplo - vêm sendo amplamente protegidas pelos mecanismos de propriedade industrial.

Assim sendo, nosso maior desafio consiste em definir o processo de ajustamento às condições impostas pela nova ordem mundial. As instituições de ciência e tecnologia devem gerar respostas rápidas a problemas de grande complexidade, apresentando assim maior eficácia no gasto das verbas públicas, condição essencial para a competitividade. O gerenciamento institucional deve encontrar saídas para reduzir o tempo e os custos das atividades internas e evitar a duplicação de esforços. Se de um lado, parcerias tecnológicas devem ser cada vez mais incentivadas, tanto em âmbito nacional como internacional, de outro, o patrimônio científico-tecnológico deve ser igualmente protegido pelo sistema da propriedade intelectual.

Não devemos ter receio do relacionamento público/privado, considerando-o como um dilema insolúvel e excludente, e sim, pensá-lo com maior espírito público e menor espírito corporativo, devendo ser essa relação completamente transparente sob ponto de vista institucional e individual.

Agora é o momento dos vários agentes envolvidos no processo de geração e de difusão de tecnologias, quais sejam instituições públicas, órgãos de financiamento e entidades privadas, ajustarem-se às perspectivas do país e consolidarem seu apoio à reorganização do sistema de saúde pública nacional. Assim, torna-se premente a criação de um sistema de avaliação institucional interna e externa que se debruce não só sobre a capacidade produtiva e as realizações ocorridas, mas também sobre as oportunidades de investimento em áreas de conhecimento e atuação, sobre parcerias com empresas e organizações não-governamentais e sobre prospecção tecnológica, visando a otimização dos resultados das atividades tecnológicas, configurando, portanto, uma efetiva ação de planejamento estratégico.

Apesar das turbulências macroeconômicas que o país tem sofrido, dos cortes financeiros para as instituições de pesquisa e ensino, cabe aos atores envolvidos na geração do conhecimento científico e tecnológico, em seu sentido mais amplo, assumir um papel ativo como indutor de mudanças e de novas soluções para a sociedade brasileira em sua fase de transição econômica e social.

Com Claudia Chamas, Rio, janeiro de 1997.

Uma nova política de vacinas

A saúde pública brasileira enfrenta hoje um grande desafio: fornecer à população vacinas modernas e eficazes, em quantidade suficiente e com a qualidade necessária. O setor de imunobiológicos vive uma fase de transição, merecendo um olhar atento e ações decisivas por parte das autoridades.

A manutenção da situação atual não é mais admissível, sob pena de não podermos atender de modo satisfatório às demandas da sociedade. Faz-se, portanto, urgente e necessária uma análise criteriosa em torno das variáveis que contornem o problema, reunindo subsídios para a construção de uma nova política para o setor.

No início da década de 80, desencadeou-se uma crise nacional com o fechamento da Sintex do Brasil, empresa multinacional que produzia soros e vacinas tríplice (DTP).

Visando a acabar com a dependência de importação de imunobiológicos, foi criado em 1985, no âmbito do Ministério da Saúde, o Programa de Auto-Suficiência Nacional em Imunobiológicos (Pasni), buscando um esforço integrado das seguintes instituições: Fundação Ataulfo de Paiva (RJ), Fundação Ezequiel Dias (MG), Fundação Oswaldo Cruz (RJ), Instituto Butantã (SP), Instituto de Pesquisas Biológicas (RS), Instituto de Tecnologia do Paraná (PR) e Instituto Vital Brazil (RJ).

Nesse programa, foram realizados dispêndios de cerca de US$ 120 milhões. Alcançou-se auto-suficiência na produção de soros e construiu-se uma capacitação produtiva, possibilitando a produção nacional de algumas vacinas (DTP, raiva, sarampo, febre amarela, entre outras). O programa, entretanto, ainda não atingiu as metas estabelecidas, permanecendo a necessidade de importação de várias vacinas.

A situação atual é bem diferente daquela da década de 80, quando foi se desenhando o Pasni. No plano político-econômico internacional, uma profunda mudança é verificada com a difusão de políticas liberalizantes, a intensa e rápida geração de inovações tecnológicas e a introdução de novas formas organizacionais, constituindo os alicerces do paradigma vigente.

Convivemos com um cenário de forte concorrência empresarial e com o fenômeno da mundialização do capital. A reestruturação do sistema econômico internacional está profundamente atrelada aos movimentos de harmonização das normas e legislações, proporcionando um ambiente favorável à expansão do capital multinacional.

No campo tecnológico, o avanço das técnicas de engenharia genética trouxe novo dinamismo ao segmento de vacinas, acenando com novas oportunidades de investimento. Constantemente são desenvolvidos novos produtos, com alto valor agregado e conteúdo tecnológico, fruto de elevados dispêndios em pesquisa e desenvolvimento.

As vacinas da nova geração encontram-se protegidas por instrumentos de propriedade industrial.

As empresas patenteiam suas invenções, dificultando o acesso de terceiros, ao campo tecnológico protegido, mormente, organizações de países em desenvolvimento.

O presente momento nacional, com estabilidade política e econômica, configura um ambiente atrativo ao investimento de empresas estrangeiras, principalmente na área da saúde. Uma moeda estável, condições seguras de investimento e as recentes aprovações da nova Lei de Propriedade Industrial e da Lei de Biossegurança, contribuem para um quadro regulatório atraente.

No campo das vacinas, o país acumulou uma boa capacidade de produção e quantidade razoável de profissionais.

Em função do alto ritmo de obsolescência das tecnologias de imunobiológicos, é imperioso investir na ampliação da capacitação tecnológica, bem como no aumento do número de profissionais dedicados a esse campo. Hoje, evidencia-se um atraso tecnológico superável apenas com investimentos em pesquisa e desenvolvimento.

É certo que a busca e o desenvolvimento de novas tecnologias passam pela cooperação com empresas, universidades e instituições de pesquisa públicas e privadas, em âmbito nacional e internacional.

É preciso encontrar parceiros que compartilhem, com as organizações nacionais, tecnologias de última geração, a fim de não desperdiçar os recursos já investidos no setor. A parceria deve garantir a real absorção da tecnologia, conferindo aos produtos e processos desenvolvidos, qualidade e segurança nos padrões internacionais.

É necessário investir na formação de recursos humanos para produção, pesquisa e desenvolvimento de vacinas. Estudar novas formas organizacionais, capazes de suportar uma nova estrutura de produção e de desenvolvimento tecnológico, flexível o suficiente para acompanhar a rapidez dos avanços nas modernas biotecnologias. Novos padrões gerenciais são, hoje, uma das maiores necessidades para viabilizar um novo projeto de capacitação imunobiotecnológica.

Estes são apenas alguns dos aspectos que permeiam a questão das vacinas. As instituições da rede pública que ofertam produtos essenciais à saúde humana sofrem grande pressão da sociedade. Em muitos casos, o acesso às vacinas da nova geração somente é possível em clínicas particulares.

Dessa forma, encontra-se limitado o alcance de várias vacinas por boa parte da população, uma vez que o preço da dose é proibitivo para a maioria.

Entretanto, essa situação poderá ser revertida gradualmente, com investimento nacional e com trabalho cooperativo. Para tanto, urge o debate em torno de uma nova linha de ação para o setor, constituindo prioridade na agenda nacional. Acreditamos que todo esforço é pouco para proporcionarmos à população brasileira uma melhor qualidade de vida.

Com Claudia Chamas, Rio, junho de 1997.

Uma nova geração de vacinas

No fim do século XVIII, descobriu-se que ordenhadores de vacas portadoras de uma doença caracterizada por pústulas e erupções ficavam protegidos contra a varíola humana. Hoje, sabe-se que a vacina feita com o vírus bovino apresenta mais de 99% de proteção contra o vírus da varíola humana. No passado, a utilização de vacinas não foi facilmente aceita pela população, que desconhecia os fundamentos dessa nova tecnologia. Em 1904, Oswaldo Cruz, ao tentar implantar a imunização contra a varíola, causou uma reação popular violenta no Rio de Janeiro, que ficou conhecida como a Revolta da Vacina. O desenvolvimento de vacinas deve ser destacado como uma das grandes contribuições da medicina nos últimos 100 anos. As vacinas atuais vêm incorporando tecnologias sofisticadas e estão protegidas pelos mecanismos de propriedade industrial nos principais mercados internacionais. Espera-se um crescimento do mercado de 3 para 5 bilhões de dólares para os próximos 5 anos.

Encontram-se, comercialmente disponíveis, vacinas baseadas em microorganismos patogênicos vivos, atenuados ou inativos, com extratos de microorganismos e algumas vacinas que utilizam a tecnologia do DNA recombinante. Em fase ainda experimental encontram-se vacinas moleculares à base de peptídeos, de DNA e de plantas como vetor básico de produção do agente imunizante.

Hoje, como nos primórdios, as plantas passam a ser fundamentais para a medicina. A vacina desenvolvida em células de plantas é a mais recente revolução no campo da vacinologia, representando um novo caminho de produção dos antígenos, isto é, das proteínas imunizantes. Os cientistas têm transferido genes de agentes patogênicos para células de plantas. Essas plantas, conhecidas como transgênicas, passam a sintetizar os antígenos codificados pelos genes transferidos.

Tem-se, então, um sistema vantajoso de produção de vacinas, que não necessita de purificação dos antígenos nem de uma rede de refrigeradores para sua conservação. Assim, se abre o caminho para o desenvolvimento de uma nova geração de vacinas contra HIV, influenza, rotavírus, tuberculose e algumas doenças parasitárias como malária e leishmaniose.

Em uma primeira fase de testes em seres humanos, dezenas de americanos voluntários comeram batatas cruas contendo o gene codificador da proteína imunizante contra hepatite B. Esse teste foi aprovado pela Food and Drug Administration (FDA) – agência de controle de medicamentos e alimentos dos Estados Unidos. Em seis meses de testes, os voluntários que comeram 50 ou 100 gramas de batatas transgênicas por um período de 3 semanas tiveram diminuição na diarréia sem efeito colateral. Entretanto, constatou-se que a proteção imunobiológica se altera com o aquecimento da batata, inativando os antígenos.

Recentemente, a bananeira foi utilizada como planta-vetor de uma vacina contra *Escherichia coli*, bactéria que contamina a água e os alimentos, causando, muitas vezes, diarréia e aumento da taxa de mortalidade infantil. Bananas podem ser ingeridas cruas, são bem aceitas pelas crianças, são baratas e facilmente cultivadas com a tecnologia agrícola existente no mundo em desenvolvimento. Bananas transgênicas não necessitam de refrigeração como as vacinas atuais, facilitando e barateando a logística de transporte e aplicação.

As "bananas imunobiológicas" requerem um controle de qualidade menos complexo que o atual. Já é possível imaginar um bebê ingerindo banana amassada industrializada, recebendo proteção contra diarréia, sarampo, coqueluche, tétano, poliomielite ou outra doença infecciosa. Quem ganha com esse avanço? A saúde pública que terá um sistema de vacinação mais simples e econômico, e as crianças, que, em vez de serem espetadas por agulhas, degustarão suas papinhas.

Embora ainda em fase experimental, o desenvolvimento das vacinas transgênicas em plantas está avançando graças às novas tecnologias, dando uma nova dimensão ao conceito de plantas medicinais. Cientistas de instituições de pesquisa como a Fundação

Oswaldo Cruz, no Rio de Janeiro, e o Instituto Butantã, em São Paulo, estão qualificados para absorver esses conhecimentos e transformá-los em práticas benéficas para o programa nacional de produção de vacinas e imunização do Ministério da Saúde. Tal assunto é de interesse não só do setor público, mas também do setor privado. Estamos falando de um mercado de 200 milhões de dólares, com perspectivas de expansão, em âmbito nacional. Entendemos como salutar a constituição de alianças estratégicas visando ao desenvolvimento de imunobiológicos em benefício da população brasileira.

Rio, fevereiro de 1999.

Desenhando novos remédios

A exploração de nosso patrimônio genético, principalmente da Floresta Amazônica, será a grande saída no futuro próximo para a busca e desenvolvimento de novos fármacos. Devemos criar condições para aproveitar essa vantagem competitiva – a existência da megabiodiversidade nacional – definindo rapidamente uma política para proteção, acesso e uso de tais recursos. Não mais podemos permitir que haja apropriação indevida de nossos recursos genéticos. A Fiocruz vem se preocupando com projetos de pesquisa de novos medicamentos, especialmente os relacionados à triagem de plantas medicinais e produtos naturais e também vem incentivando parcerias com empresas e universidades de âmbito nacional e internacional, para acelerar o descobrimento e desenvolvimento de novos medicamentos.

É preciso fortalecer e ampliar os instrumentos de financiamento à inovação tecnológica para solucionar nossas mazelas. Nesse sentido, a criação de um fundo setorial para a saúde, recentemente divulgado pelo governo federal, é fundamental, pois permitirá uma aplicação financeira muito mais direcionada, com um olhar sobre o aproveitamento dos recursos e melhores chances de geração de novos produtos e processos para resolver nossos problemas de saúde.

A inserção do Brasil no contexto do mundo globalizado passa pelo apoio e financiamento da pesquisa em inovação tecnológica, ampliação da capacitação tecnológica nacional e estímulo à competitividade. Tornar tudo isso realidade não é uma tarefa impossível.

Nossos ancestrais, observando os animais aprenderam a utilizar as plantas para tratar de seus males. De fato, mais de 80% dos vegetais já analisados tiveram atividades farmacológicas sobre alguma doença. Hoje, estima-se que 70% dos medicamentos encontrados nas prateleiras das farmácias, sejam inspirados em moléculas de plantas. Assim, foram desenvolvidos medicamentos como a aspirina, codeína, quinina, reserpina e vários analgésicos, anestésicos, antibióticos, entre outros. Com a evolução da química, as estruturas desses compostos foram identificadas e os químicos foram capazes de sintetizá-los em sua grande maioria ou de desenvolverem seus análogos estruturais.

Após selecionar as plantas, os pesquisadores extraem, com diferentes solventes, os componentes químicos para isolarem os princípios ativos das plantas. Uma vez conhecidas as estruturas químicas, determinam sua síntese, produzem análogos estruturais, estudam como as substâncias atuam em animais de laboratório e, se possível, no nível molecular.

Nesse processo clássico de triagem para o desenvolvimento de um novo medicamento, para cada 10 mil substâncias analisadas, uma centena é promissora, 10 são testadas no ser humano e uma pode ser ativa e eventualmente colocada como medicamento no mercado.

Essa tecnologia será modificada profundamente nos próximos anos com o desenvolvimento da química combinatória, do aperfeiçoamento dos bancos de dados com milhares de estruturas químicas já conhecidas e dos laboratórios robóticos e computadorizados.

Os processos de buscas de novas drogas serão acelerados numa velocidade jamais imaginada. Enquanto as triagens de poucas drogas em animais de laboratórios demoram vários anos, nos novos laboratórios milhares de compostos poderão ser testados em poucos meses, com modelos de detecção em proteínas envolvidas em doenças específicas, sem o uso de animais.

Atualmente, com essa tecnologia um químico pode desenvolver de 50 a 100 novos compostos por ano, a um custo ao redor de 5.000 a 7.000 dólares por cada um. Com o aperfeiçoamento dessa tecnologia, nos próximos 10 anos, um químico poderá desenvolver 10 mil ou mais substâncias novas por uns poucos dólares.

Os cientistas serão capazes de desenvolver, por simulação em computadores, variações moleculares novas e análogas estruturais, criando, por exemplo, novos medicamentos sem os indesejáveis efeitos colaterais que, em alguns casos, podem ser debilitantes ou fatais – um dos principais problemas no desenvolvimento de novos medicamentos – quase sempre anulando novas possibilidades de terapias. Esses grandes desafios estão colocados para a atual e para as próximas gerações de cientistas brasileiros, trazendo possibilidades concretas para tratamentos mais eficazes e para a cura de antigas doenças que afligem o nosso povo.

Para enfrentá-los, é preciso aliar conhecimento, dedicação e métodos científicos com políticas públicas e de financiamento adequadas para o desenvolvimento da ciência a serviço da saúde, como propõe o governo, com a criação do fundo setorial e da agência de financiamento à pesquisa em saúde. Proposta que deve merecer todo apoio da comunidade científica e da sociedade.

Genebra, junho de 2000.

Vacinas para o futuro

O cientista Edward Jenner, em 1796, imunizou pela primeira vez uma criança contra varíola. A varíola foi erradicada do mundo e outras doenças, como a poliomielite, estão desaparecendo. Milhares de pessoas utilizando vacinas têm proteção contra infecções graves como tétano, difteria, coqueluche e sarampo. Infelizmente, Aids, hepatite C, dengue, malária e outras patogenias infecciosas graves não possuem vacinas eficazes para preveni-las. Nesses 200 anos, foram desenvolvidas várias vacinas. Algumas delas, como a vacina contra a tuberculose, necessitam ser aperfeiçoadas. Outras não tiveram sucesso quando desenvolvidas pelos métodos tradicionais de produção de imunobiológicos. Acrescenta-se a esse problema, o ressurgimento de algumas infecções por estas adquirirem resistência aos antibióticos. Como não bastassem, mais de 30 novas doenças infecciosas foram identificadas nos últimos 20 anos.

Para os cientistas, o futuro da vacinologia está nos genes, pois eles permitem acrescentar várias outras vantagens às das vacinas tradicionais. Basta inocular os genes que codificam as proteínas – estimuladoras do sistema imune – dos patógenos e o indivíduo estará imunizado contra determinada doença. Essas vacinas evitam as reações colaterais por serem "limpas" e não conterem microorganismos vivos ou atenuados. Além dessas vantagens, as vacinas baseadas em genes evitam os problemas de reativação do agente patogênico, são mais estáveis, de fácil conservação, mais baratas e fáceis de produzir.

Vacinas desse tipo estão em fase experimental para doenças como AIDS, tuberculose, influenza, malária e outras. A vacina genética poderá prevenir doenças não-infecciosas, como alguns tipos de câncer, mal de Alzheimer e diabetes.

Um novo conceito de plantas medicinais, também ligado à área da imunologia, está surgindo. Plantas transgênicas, que produzem a proteína imunizante, podem ser utilizadas para vacinar pessoas. Homens e animais que se alimentaram de batatas e bananas transgênicas, que possuíam genes que codificavam o antígeno da hepatite B e da diarréia causada por rotavírus, foram imunizados contra essas doenças.

Para os próximos cinco anos estão previstos a produção de diversas vacinas: contra gripe (influenza) por inalação, que, devido à facilidade de administração, terá uso generalizado; contra herpes genital, em teste em seres humanos, que será utilizada tanto para uso preventivo como terapêutico; e contra papilomavírus, para uso preventivo de câncer do colo uterino, dentre outras.

Para os próximos 10 anos, depois de superadas as questões relacionadas com segurança de uso da vacina genética, podem prever a substituição das vacinas contra influenza, e o aparecimento de novas vacinas contra algumas doenças para as quais não existe hoje nenhuma vacina, como é o caso da Aids, da dengue e de outras doenças parasitárias. A inoculação dessas vacinas será por pistola genética, indolor e sem agulha, que ao projetar a vacina na pele, incorpora os genes nas células da pele.

O desenvolvimento de uma nova vacina tem um pouco de mistério, segredo e acaso. Algumas são quase perfeitas, como a vacina contra tétano, a vacina oral contra a poliomielite, a vacina contra sarampo.

Na entrada do terceiro século de história da vacinologia, a busca é superar os fracassos, desenvolver e dominar novas tecnologias de produção e continuar a luta contra as antigas e novas doenças que surgem em nosso país. O êxito dessa empreitada está no domínio da tecnologia das vacinas conjugadas e de DNA, na vitória contra os receios que suscita o seu uso para a população e no apoio a instituições brasileiras produtoras de vacinas como a Fiocruz, Instituto Butantã e Tecpar.

Niterói, agosto de 2000.

Fronteira dos Medicamentos Personalizados

A revelação do genoma humano, com seus 30 mil genes, mostrou que o DNA humano é 99,9% semelhante entre todas as pessoas. As variações contidas no 0,1% restante, na maioria das vezes são modificações de somente um nucleotídeo – e recebe o nome de *snps*. Estimativas indicam que, da presença de 1,4 milhão de *snps* no genoma humano, somente 60 mil estão inseridos nos genes e 93% dos 30 mil genes contêm somente 1 *snp*.

A farmacogenômica é o estudo de como as modificações gênicas podem afetar a ação de um determinado medicamento em um indivíduo. Genes estão envolvidos na absorção, distribuição, metabolização e excreção do medicamento pelo organismo.

Alterações nesses genes podem afetar o efeito da droga no paciente. O conhecimento do DNA humano permitiu descobertas fantásticas sobre a importância de genes na ação medicamentosa, como por exemplo, a de que pequenas variações no gene CYP2D6 – que ocorre em 10% da população – alteram respostas de pacientes a drogas antiarrítmicas, antihipertensivas, beta-bloqueadores, antipsicóticos e antidepressivos.

O Pravacol, medicamento que reduz os níveis de gordura no sangue, é mais eficiente em pessoas que possuem a variante B1B1 do gene CETP. O câncer de mama, envolvendo mutações nos genes BRCA1 e BRCA2, responde melhor ao medicamento Tamoxífeno. Variações nos genes afetam a ação da Tacrina em pacientes com Alzheimer e do Albuterol em pessoas asmáticas.

Os biochips são importantes ferramentas para a farmacogenômica. Os biochips consistem em placas de vidro ou de nylon, divididas em milhares de células microscópicas, impregnadas de fragmentos de genes humanos ou de qualquer agente infeccioso. A detecção dos variantes gênicos baseia-se no princípio de que genes semelhantes se ligam entre si.

Com a evolução rápida desta tecnologia, a farmacogenômica ganhou expressão nos meios acadêmicos e empresariais, o que a faz lógica e economicamente viável para os próximos anos. Hoje, já temos biochips que podem analisar de 10 mil a 20 mil variações gênicas em poucos minutos.

No futuro, antes de receitar um medicamento, o médico consultará o perfil genômico do paciente. Com isto, o medicamento e a dose recomendada serão personalizados, encerrando a relação médico-paciente onde a dose e a reação adversa de um medicamento estão baseadas em testes clínicos e estatísticos populacionais. É inevitável que este tempo chegue. Mesmo os melhores medicamentos do mercado e suas doses recomendadas são ativos em cerca de 80% dos pacientes. O perfil genômico ajudará a identificar os pacientes que não respondem a um determinado medicamento e os fatores de risco que uma pessoa poderá ter a uma droga.

O tratamento personalizado, no futuro, poderá ser introduzido nas doenças infecciosas, como a AIDS. Pacientes com HIV positivo recebem medicação com várias drogas antivirais. Hoje, sabemos que existem mais de 100 variantes genéticos do HIV. Vários desses variantes são resistentes a um ou mais dos medicamentos utilizados. Conhecendo a variante genética, por análise do vírus em biochips, o paciente poderá receber os medicamentos específicos e ativos contra aquele determinado tipo de vírus, tornando o tratamento mais barato e efetivo, evitando a ingestão de drogas desnecessárias e o desgaste orgânico.

Mas nem tudo é perfeito. A sociedade precisa ainda discutir os problemas éticos envolvidos na utilização do perfil genômico para determinar a susceptibilidade a doenças. Por exemplo, os planos de saúde podem aumentar seus preços ou não aceitar um indivíduo que geneticamente tenha predisposição para certas enfermidades. Outra preocupação é a discriminação baseada no perfil gênico de uma pessoa. A sociedade deverá ter garantias de que a informação genômica não será usada para estigmatizar ou discriminar qualquer pessoa ou grupos de indivíduos.

Mas isto faz parte do avanço da Ciência. Temos esperança em nosso tempo. Este campo da pesquisa irá revolucionar a medicina e buscar novas estratégias para o desenvolvimento de novos medicamentos, mais específicos, eficientes e de baixa reação adversa, melhorando o tratamento e a qualidade de vida dos pacientes.

Brasília, novembro de 2001.

Politicas de C&T

"*Nobody makes a greater mistake than he who did nothing because he could do only a little.* Ninguém faz um erro maior que aquele que não faz nada porque somente podia fazer um pouco."

Edmund Burke

O desafio tecnológico

A situação atual do país exige das instituições de pesquisa em ciência e tecnologia (C&T) aplicadas à saúde pública, um papel ativo na busca de soluções para a crise que atinge a área. Por outro lado, o processo de globalização econômica impõe o aumento de competitividade das organizações, que não pode ser conquistado sem investimentos bem aplicados.

Em face das recentes mudanças na economia nacional – abertura econômica, redução do papel do Estado na economia, ênfase no incremento da competitividade – e da tendência internacional de valorização do conhecimento e do aprendizado tecnológico, faz-se necessário que as instituições de pesquisa nacionais se adaptem a esses novos paradigmas e encontrem alternativas de sobrevivência e possibilidade de respostas rápidas e exeqüíveis.

Torna-se, portanto, fundamental o investimento em novas drogas, vacinas e terapias. Os recursos para esse fim não devem ser oriundos somente do setor público, que não tem conseguido demonstrar a capacidade financeira e a agilidade administrativa necessária. As atividades de pesquisa, desenvolvimento tecnológico e produção, podem ser realizadas por meio da parceria entre o setor público, a iniciativa privada e outras formas de organização da sociedade. Esperar unicamente pela transferência de tecnologia do exterior é, sem dúvida alguma, aprofundar a crise existente.

Observa-se, tendencialmente, uma enorme dificuldade de acesso às novas tecnologias relativas à saúde, por parte dos países em desenvolvimento, posto que as mesmas estão concentradas pelas grandes corporações multinacionais, que, inclusive, vêm-se associando em setores de ponta – como a produção de vacinas por engenharia genética – e vêm sendo amplamente protegidas pelos mecanismos da propriedade industrial.

As instituições de ciência e tecnologia devem gerar respostas rápidas a problemas de grande complexidade, apresentando maior eficácia no gasto das verbas públicas. O gerenciamento institucional deve encontrar saídas para reduzir o tempo e os custos das atividades internas e evitar a replicação de esforços. Apesar das conseqüências das turbulências macroeconômicas que o país tem sofrido, dos cortes financeiros para as instituições de pesquisa e ensino, cabe aos atores envolvidos na geração do conhecimento científico-tecnológico assumir um papel ativo como indutores de mudanças para a sociedade brasileira.

Com Claudia Chamas, Rio, janeiro de 1997.

A comercialização da ciência

Nas últimas décadas, o mundo tem passado por transformações profundas em direção à internacionalização das economias. A queda dos muros e o incentivo à competição desenfreada têm impactado fortemente o cotidiano das instituições. A academia também não está livre das influências globalizantes e sofre (com) os seus efeitos. A pesquisa livre deu lugar a uma busca incessante por produtos viáveis tecnológica e comercialmente. Os interesses comerciais passaram a permear o dia-a-dia dos cientistas, provocando mudanças comportamentais e o estabelecimento de políticas para a regulação de novas práticas. Dessa forma, entendemos como necessária, uma reflexão sobre a nova conduta da *praxis* científico-tecnológica, mormente, no que diz respeito ao patenteamento de invenções e à transferência de tecnologia.

Nos EUA, o tratamento da propriedade intelectual em ambientes acadêmicos, sofreu grandes alterações durante a década de 80. A aprovação do *Bayh-Dole Act* impulsionou as universidades americanas a desenvolver *loci* institucionais apropriados para a proteção das invenções geradas internamente e para a negociação e transferência das tecnologias. Enfatizou-se assim, a lógica comercial em um ambiente onde o livre pensar e o livre agir sempre haviam imperado.

O desenvolvimento de políticas institucionais de propriedade intelectual acarretou uma nova dinâmica para o tratamento das pesquisas universitárias. Entre elas, podemos destacar: (i) Exigência do sigilo: a manutenção do sigilo em torno dos projetos, sempre regido por obrigações contratuais, passou a ser condição *sine qua non* para o bom andamento das pesquisas ditas promissoras, isto é, aquelas com potencial de comercialização fortemente elevado. Na prática, isto significa não realizar publicação em periódicos ou qualquer outro tipo de divulgação até que se efetue o depósito do pedido de patente no escritório oficial da propriedade industrial; (ii) Incentivo ao pesquisador: parte das receitas derivadas da exploração das patentes reverte para o próprio pesquisador.

A possibilidade de ganhos financeiros, a partir de projetos científicos, vem se tornando uma realidade também nas nações européias e latino-americanas. Principalmente em países onde o investimento em ciência e tecnologia está muito aquém de uma taxa satisfatória para o desenvolvimento das pesquisas, essa prática pode ser uma fonte de recurso alternativa, atraindo até mesmo a iniciativa privada para o estabelecimento de parcerias tecnológicas.

No caso brasileiro, as preocupações com a proteção do patrimônio científico-tecnológico em ambientes acadêmicos, ainda são experiências raras. Poucas são as instituições que investem em pessoal capacitado para o correto tratamento da propriedade intelectual e que desenvolvem políticas internas para essa questão.

Neste sentido, a Fiocruz vem envidando grandes esforços para a qualificação de profissionais e para a construção de um arcabouço regulamentar no campo da propriedade intelectual, tendo estabelecido, recentemente, uma política interna sobre o tema, pela qual, dois terços do total arrecadado com a exploração da patente, ficam de posse da instituição e um terço vai para o pesquisador, a título de incentivo.

Refletir sobre o modo de conduta das pesquisas orientadas para a comercialização é, pois, uma ação que deve estar presente na agenda de discussão das universidades e instituições de pesquisa nacionais. Introduzir essa nova cultura no ambiente de investigação exige prudência e ponderação. É preciso preservar a pesquisa básica e valorizar as pesquisas comprometidas com resultados econômicos. Ambas podem e devem conviver saudavelmente num mesmo ambiente.

Somos amplamente favoráveis ao estabelecimento de regras e condutas para o patenteamento das invenções. Atualmente, nossas universidades e instituições de pesquisa vêm passando por uma fase bastante difícil e de poucos recursos financeiros, principalmente no tocante aos salários e às verbas para a pesquisa. As orientações governamentais impõem uma reformulação das práticas gerenciais e administrativas, enfatizando a busca pela geração interna de recursos. Neste caso, o licenciamento para a exploração de patentes é uma das alternativas existentes. Não podemos, porém, cair em tentação. A academia não pode, de forma alguma, tornar-se um espaço onde somente pesquisas atrativas do ponto de vista financeiro sejam empreendidas. Como nos lembra Louis Pasteur, "não há ciência aplicada; há somente aplicações da ciência". A pesquisa que interessa é a de relevância. Bom senso e equilíbrio são fundamentais no estabelecimento desse novo processo. O desejo da busca pelo novo e inesperado deve ser preservado e estimulado, prevalecendo o progresso da ciência em prol da sociedade.

Com Claudia Chamas, Rio, abril de 1997.

Pesquisa, desenvolvimento e políticas salariais

Fim de século. A ciência e tecnologia são a base propulsora do sistema econômico do mundo globalizado e determinante para o sucesso de uma nação. Tecnologias são introduzidas de forma rápida e intensa nos mercados: como bem disse o Presidente Fernando Henrique Cardoso "ou o Sul (ou parte dele) ingressa na corrida democrática-tecnológico-científica e investe pesadamente em Pesquisa e suporta a metamorfose da economia da informação, ou se torna desimportante, inexplorado e inexplorável...".

A importância das organizações geradoras de ciência e tecnologia e a necessidade de preservarmos o respeito a essas instituições são evidentes. Não podemos deixar ruir o saber já construído. Ao contrário, é preciso ampliá-lo e fortalecê-lo. A busca da eqüidade social só pode ser realizada com democracias e investimentos em saúde, educação, pesquisa e desenvolvimento, destruindo a ignorância, formando inteligência, fomentando as capacitações tecnológica e produtiva. É necessário estimular os recursos humanos que trabalham nas instituições de ciência e tecnologia. Embora careça muito desses profissionais, nosso país está se esquecendo disso.

Acaba de ser estabelecida, por Medida Provisória, a Gratificação de Desempenho e Produtividade (GDP) do Plano de Carreiras de Ciência e Tecnologia (PCCT) para pesquisadores, tecnologistas e gestores de nível superior. Trata-se de uma excelente notícia que mostra o reconhecimento dessas atividades para o desenvolvimento do país. Entretanto, ainda está em estudo a gratificação para o nível intermediário. Só quem trabalha em um laboratório de pesquisa e tecnologia reconhece a importância do nível médio para a execução de suas tarefas. Normalmente, com cada pesquisador/tecnólogo trabalham dois a três técnicos especializados, que não têm nível superior.

A Fundação Oswaldo Cruz sabe que a pesquisa e a produção de seus laboratórios, de suas áreas de ensino, de assistência, de gestão e informação são resultantes de um trabalho multidisciplinar e em equipe. Estamos na fase de desenvolvimento da primeira vacina existente no mundo contra a esquistossomose, a popular barriga-d'água – doença que atinge cerca de 8 milhões de pessoas no Brasil e que ameaça aproximadamente 200 milhões no mundo – e de outra contra a fasciolose hepática, mal que afeta bovinos, causando graves prejuízos à pecuária em todos os continentes. Sem o trabalho integrado de pesquisadores, assistentes e técnicos, seria impossível a obtenção destas vacinas, já patenteadas nos Estados Unidos, Espanha e Nova Zelândia. A equipe que trabalha no desenvolvimento da vacina é integrada por 10 pesquisadores e 25 técnicos de nível médio.

Da mesma forma, outros produtos e ações voltados para o atendimento e demandas básicas de saúde pública, como bioinseticidas, diversos tipos de imunizantes, novos métodos de diagnóstico para doenças parasitárias, assim como a qualificação de profissionais, estudos epidemiológicos de campo, o combate a epidemias e a assistência direta à população, seriam impensáveis sem a perfeita integração de equipes multidisciplinares, compostas por profissionais de diferentes níveis de formação. O que seria dos pesquisadores/tecnólogos sem o conhecimento e a experiência do pessoal de apoio técnico, planejamento e gestão?

As organizações científicas e tecnológicas nacionais vêm desenvolvendo, com enorme sacrifício, uma política de valorização de seus servidores, articulando a pesquisa/desenvolvimento/gestão em todos os níveis de formação. As modernas instituições de ciência e tecnologia dependem cada vez mais de técnicos de nível médio bem treinados e especializados, imprescindíveis no processo científico, tecnológico e produtivo. O tratamento adequado desta gratificação de desempenho e produtividade certamente preservará o profissional competente, manterá os servidores em ambiente mais igualitário e produtivo e resolverá o problema da evasão de pessoal destas organizações.

Somamos nossos esforços aos do Ministro de Ciência e Tecnologia, que sabe que políticas salariais que estimulem o desempenho e a produtividade das instituições de ciência e tecnologia devem ser harmônicas e plurais. Assim, poderemos alcançar os níveis de competitividade necessários para enfrentar os desafios do mundo moderno. A solução para a ciência e tecnologia brasileira não é simples, nem fácil. A adoção de políticas salariais e de recursos humanos adequados para os servidores do setor é apenas um aspecto desta intricada matéria. A inserção do Brasil no novo contexto econômico internacional depende cada vez mais da ampliação da capacitação tecnológica nacional, que por sua vez, também se relaciona com a valorização e estímulo aos profissionais que executam essas tarefas. O processo da adaptação aos novos tempos exige um grande esforço governamental e uma aguçada percepção da importância da pesquisa e da inovação tecnológica no novo ambiente competitivo. É preciso investir nas instituições de ciência e tecnologia com o claro sentido de que o que está em jogo é o futuro da nação.

Rio, novembro de 1997.

Capital de risco e tecnologia

Recentemente, assistimos a profundas modificações no comportamento das empresas nacionais em função de um processo de abertura e de estabilidade econômica em âmbito nacional e das transformações em curso no panorama mundial. A política de substituição de importações ficou exaurida. Para enfrentar as exigências de um ambiente competitivo internacional, as empresas buscam reestruturar-se e desenvolver novas estratégias de atuação. O atual contexto requer uma nova cultura empresarial.

A capacidade de sobrevivência das empresas está diretamente relacionada ao esforço realizado para o aumento da competitividade. Nos países desenvolvidos há fortes investimentos em pesquisa e desenvolvimento visando ao aumento da capacitação tecnológica. A inovação é o elemento motor do sistema econômico capitalista e é a base para construção da competitividade. Além disso, exerce um papel fundamental e estratégico na geração de novos empregos.

Um dos fatores essenciais para a manutenção de uma empresa em um determinado segmento industrial é a sua capacidade de acompanhar as rápidas e intensas transformações tecnológicas. A tecnologia, antes considerada um simples fator de produção, recebe agora tratamento diferenciado, uma vez reconhecido seu papel determinante no desempenho mercadológico das empresas. A elaboração de estratégias empresariais deve necessariamente considerar e incorporar a variável tecnológica.

Atividades de pesquisa necessitam de apoio financeiro constante e tempo, uma vez que os resultados não podem ser obtidos no curto prazo. O financiamento à inovação é usual nos países desenvolvidos. No Brasil não há tradição de investimentos do setor privado em pesquisa e desenvolvimento tecnológico, ficando sempre essa responsabilidade por parte de órgãos governamentais. Contudo, essa posição deve ser repensada, pois a estabilidade macroeconômica estimula o investimento em projetos de alto risco, que ofereçam elevada possibilidade de retorno.

Faz-se necessário que tanto o setor público quanto o empresariado estejam realmente dispostos a investir pesadamente no desenvolvimento de inovações tecnológicas. Mecanismos como *venture* capital, debêntures especiais e participações de risco devem ser implementadas. O capital para investimento em pesquisa faz parte da estratégia de desenvolvimento e é diferente daquele de natureza especulativa que, por ser de caráter volátil, pode ir embora a qualquer momento.

Se, por um lado, é preciso haver maior sensibilização dos grupos privados nacionais para a importância e a sensibilização para a necessidade do investimento contínuo em altas tecnologias, por outro, os atores participantes do processo de geração do conhecimento científico-tecnológico necessitam capacitar-se para o adequado aproveitamento das oportunidades de investimento. No caso das universidades e instituições de pesquisa, essa necessidade traduz-se na correta proteção das invenções e na capacidade de negociação e licenciamento de tecnologia.

Para que haja uma canalização de recursos para uma determinada invenção, é esperado que esta esteja devidamente protegida pelos instrumentos da propriedade industrial. O patenteamento confere ao titular o direito de 'impedir terceiro, sem o seu consentimento, de produzir, usar, colocar à venda, vender ou importar' o produto ou processo em questão, de acordo com o artigo 42 da Lei de Propriedade Industrial, de nº 9.279/96. Dessa forma, o investidor sente-se mais confortável em aplicar recursos em uma tecnologia com reconhecidos direitos da propriedade, podendo ser tomadas providências legais, no caso de cópia indevida do produto ou processo.

Investir em tecnologia requer visão de longo prazo e também implica enfrentar ambiente de altos riscos e incertezas, sem contar com os elevados custos do processo de desenvolvimento. Uma das formas encontradas para minimizar esses problemas é o estabelecimento de alianças estratégicas. As modalidades de cooperação são múltiplas: *joint ventures*, parques tecnológicos, incubadoras de empresas, entre outras.

Nosso país conta com grandes recursos minerais e uma imensa diversidade biológica e necessita de um novo modelo de crescimento que permita superar o estágio atual de pobreza em que se encontra grande parte da população.

A inserção do Brasil no novo contexto econômico internacional depende fundamentalmente do apoio à inovação tecnológica e às práticas de cooperação, da ampliação da capacidade tecnológica nacional e do estímulo à competitividade. O futuro do país está vinculado à capacidade das políticas públicas de coordenação e distribuição dos recursos financeiros, tecnológicos e humanos, em benefício de toda a sociedade.

O processo de adaptação aos novos tempos exige um grande esforço dos agentes envolvidos no processo de inovação, no sentido de minimizar a defasagem tecnológica existente e de ampliar o atual nível de capacitação tecnológica e gerencial. Dessa forma, haverá um incremento na geração de inovação e, conseqüentemente, um estímulo à dinâmica de nosso crescimento econômico, que se traduz, em última instância, em mais oportunidades de trabalho.

O desafio da construção de um novo Brasil passa, portanto, pelo reconhecimento das deficiências da atual estrutura e pela percepção da importância da inovação tecnológica no novo ambiente competitivo. Hoje, discute-se, em âmbito nacional, a problemática do corte de bolsas para a pesquisa e a dificuldade dos pesquisadores em obter recursos financeiros para seus projetos. Dessa forma, consideramos urgente e necessária a ampliação do debate em torno da questão do financiamento à inovação tecnológica.

Entrar no mundo desenvolvido precisa deixar de ser pura retórica para tornar-se prática. Porém, é preciso coragem e determinação para que aqueles acostumados aos ganhos fáceis e rápidos passem a investir com perspectivas de médio e longo prazo, de lucros não imediatos, com o sentido de que investem no futuro de uma nação.

Com Claudia Chamas, Rio, dezembro de 1997.

Eficiência e poder do mercado

As instituições de ciência e tecnologia, em geral, encontram-se despreparadas para proteger suas invenções, através dos mecanismos da propriedade industrial. Entre os fatores que formam tal quadro, está a escassa capacitação para a negociação e a transferência de tecnologia e o pouco conhecimento sobre o mercado e concorrência, principalmente em âmbito internacional.

Este é um ponto crítico e de extrema vulnerabilidade para as instituições. Não se pode permitir que inovações desenvolvidas em organizações nacionais se transformem apenas em artigos científicos. A população espera novos medicamentos, novas tecnologias de habitação, de saneamento.

Outro ponto crucial que envolve a questão do mercado é a compra de insumos, produtos e tecnologias. É preciso entender a lógica de funcionamento dos mercados. Preço, qualidade, garantias de real absorção da tecnologia são fatores essenciais na negociação. Ao se adquirir um lote de vacinas, por exemplo, é necessário conhecer não somente a totalidade dos fornecedores e os preços oferecidos, mas também a eficácia e qualidade do produto.

A fórmula "compra pelo preço mais baixo" nem sempre é a solução mais inteligente. Muitas aquisições são ainda realizadas sem um real conhecimento do mercado. Compram-se produtos a preços mais baixos com qualidade baixa, e produtos a preços elevadíssimos com qualidade e eficácia igualmente duvidosas. Ao final desse processo, como teremos de nos valer de produtos inadequados às nossas necessidades, perdemos todos: Governo, instituições e população. Saber desenvolver a relação custo/benefício mais satisfatória para cada caso evitaria o dispêndio desnecessário de recursos públicos.

Vivemos, hoje, uma fase de reorganização das instituições públicas nacionais. Para fazer frente aos desafios impostos pela internacionalização da economia, com crescentes exigências de competitividade e com a concorrência acirrada dos mercados, as instituições sofrem um processo de redefinição de suas funções e da forma como irão exercê-las. A atual conjuntura impõe padrões gerenciais elevados e altos níveis de produtividade e inovação. Entendemos o processo de reforma do Estado como um instrumento incitante da melhoria das organizações, tanto do ponto de vista político quanto administrativo. No caso das instituições nacionais de ciência e tecnologia, medidas capazes de fortalecê-las e de melhorar as condições de trabalho dos profissionais serão bastante benéficas.

    Contudo, o delineamento e a implementação do processo de reorganização devem ser discutidos exaustivamente. Diversos são os pontos críticos desta análise. Sem dúvida, as questões do mercado e dos fatores que induzem a competitividade devem constar na agenda de discussões dessas instituições.

    De que necessita nossa sociedade? Quais produtos desenvolver? As instituições nacionais estão atendendo suficientemente as demandas da sociedade? Com certeza, ainda não obtemos respostas satisfatórias a estas perguntas. É preciso não somente encontrá-las, como prover todas as condições para cumprir as missões institucionais a contento, ampliando a capacitação científico-tecnológica nacional.

    O poder regulatório e de compra do Estado é um importante mecanismo de estímulo à competitividade, devendo auxiliar na indução das atividades de pesquisa e desenvolvimento tecnológico e ser objeto de intensa discussão nas esferas governamentais e não-governamentais. O Estado deve orientar estrategicamente o desenvolvimento do país, exercendo sua função reguladora e ajudando a definir as estruturas dos mercados.

    Muitas instituições, preocupando-se com esta problemática, vêm tomando medidas para o aumento da sua eficiência. Contudo, o quadro geral é ainda bastante irregular e heterogêneo, principalmente levando-se em conta as organizações localizadas no eixo Rio – São Paulo, quase sempre com capacitação financeira limitada e com deficiência de informações técnicas e gerenciais.

    Este é o momento propício para se definir novas políticas de compras governamentais, de incentivo às instituições de Ciência e

Tecnologia e de capacitação profissional para as negociações e o estudo dos mercados. A inovação tecnológica é a mola propulsora do sistema econômico capitalista. Investir em ciência e tecnologia é investir no futuro do país, gerando riqueza em forma de conhecimento e de produtos para a sociedade.

Com Claudia Chamas, Rio, abril de 1998.

A Fiocruz e o desenvolvimento nacional

O ano 2000 marca o centenário da Fundação Oswaldo Cruz. Além de uma data comemorativa, que representa um século de contribuições para a saúde da população, será um ano de reflexão junto à sociedade. Qual o papel de uma instituição centenária, marcada pela pesquisa de excelência, no desenvolvimento nacional? É comum haver questionamentos aos investimentos em ciência e tecnologia (C&T) num país com os níveis de pobreza do Brasil. Será que deveríamos nos especializar apenas em atividades que visassem à obtenção de ganhos sociais mais imediatos?

Partimos de duas constatações históricas: os países que atingiram nível elevado de desenvolvimento econômico e social também avançaram na produção de conhecimento científico e tecnológico e o Estado teve papel primordial no planejamento e no financiamento destas atividades.

O mercado parece não ter mecanismos naturais que levem ao avanço científico e tecnológico, com destaque para o campo da saúde. A experiência dos EUA não deixa dúvida. Segundo a Fundação Nacional de Ciência desse país, nos anos 90, o Governo respondeu por cerca de 60% dos gastos globais das instituições de C&T em pesquisa e desenvolvimento.

Mesmo incorporando os investimentos do setor empresarial, o Governo financia de 50% a 60% das atividades de pesquisa e desenvolvimento! Junto com a área militar, a saúde foi a que teve maior apoio público. Estima-se que mais de 50% do orçamento de pesquisa das universidades americanas estão nas áreas de defesa e saúde.

Trata-se agora de pensar o vínculo entre pesquisa, saúde e desenvolvimento no Brasil. O dilema é como garantir espaço estratégico de longo prazo para a ação pública nas atividades de C&T, em meio às imensas necessidades de curto prazo. A concepção do SUS, uma das conquistas recentes mais marcantes da sociedade brasileira, baseia-se na idéia de descentralização das ações de governos. Como contrapartida, há a necessidade de reforço da base de conhecimento científico e tecnológico no núcleo da política nacional. Quando há risco potencial de propagação de uma doença de alto impacto social, a base científica e tecnológica aparece como essencial para detectar o início de sua disseminação, determinando ações de prevenção para evitar surtos epidêmicos. Quando ações de saúde dependem de novo medicamento ou vacina, é preciso dispor de conhecimentos especializados que permitam atestar a eficácia dos produtos dados à população. Quando o atendimento às necessidades locais de produtos para a saúde depende da oferta de um grupo restrito de fornecedores, é necessária uma capacitação tecnológica local que responda às demandas sociais, restringindo o poder dos oligopólios. Quando uma nova doença constitui um problema de saúde pública, como a AIDS, por exemplo, torna-se necessário um enorme esforço de pesquisa.

Chegamos ao centro da questão: um país que queira se desenvolver notadamente no campo social e da saúde deve reforçar o papel das instituições de C&T. Estas, por sua vez, devem indagar, sempre, se estão respondendo às necessidades da sociedade. Neste contexto, a Fiocruz se coloca para o novo milênio. Sabemos de nossa capacidade e legitimidade sociais, construídas desde que Oswaldo Cruz fazia da pesquisa, a base das ações em saúde.

Devemos caminhar juntos com o Ministério da Saúde, numa perspectiva de que as ações de C&T da instituição devem estar em consonância com a política em Saúde, o que significa que a pesquisa deve fornecer a base de conhecimento que norteia as ações e as políticas e estas devem servir como parâmetro essencial para orientar as prioridades de pesquisa.

Quanto mais abrangente e descentralizado for um sistema de saúde, maior a necessidade de reforçar a capacidade de formulação, regulação e referência de seu núcleo central, cuja força depende da base científica e tecnológica desenvolvida no país.

A Fiocruz pode contribuir para situar o Brasil de forma favorável na atual divisão internacional do trabalho, no contexto de um mundo competitivo e globalizado. Somos um *locus* de competência em biotecnologia, fármacos, medicamentos, vacinas e reagentes para diagnósticos, temos uma base laboratorial de referência para as ações de vigilância sanitária e epidemiológica e, nossa pesquisa biomédica e em saúde pública está na fronteira internacional. Como reflexão, propomos que a saúde seja uma fonte de competitividade do país, calcada no potencial de inovações das atividades que fazem parte do complexo da Saúde. Aliar dinamismo econômico e tecnológico e contribuição social, talvez seja um dos objetivos mais estratégicos de uma política em Saúde inserida numa proposta de desenvolvimento nacional. A Fiocruz levanta o debate e quer ser parte da solução.

Com Carlos Gadelha, Rio, setembro de 1999.

Novos gerentes para a Ciência

Há um consenso mundial de que o desenvolvimento das nações depende de sua capacitação científica e tecnológica. Todavia, esta relação entre ciência, tecnologia e desenvolvimento não é tão direta nem linear. Existem países como a Argentina, em que uma base científica avançada não se transformou em inovações tecnológicas e em oportunidades de crescimento e de desenvolvimento. Outros, como o Japão, a Coréia do Sul e Formosa, incorporaram a ciência e a tecnologia geradas pelos países avançados, numa estratégia agressiva de inovações e de desenvolvimento, somente enfatizando o suporte à atividade científica num momento posterior.

Portanto, se de um lado, todos os processos contemporâneos de desenvolvimento a médio e longo prazo, estiveram associados à incorporação de ciência e tecnologia na atividade produtiva, de outro, não é trivial como estes vínculos se estabelecem.

Neste cenário, a gestão do conhecimento coloca-se como um fator essencial para vincular ciência, tecnologia e desenvolvimento nacional. Torna-se necessário considerar a revolução em curso nos processos de produção de conhecimento. Se antes, o desenvolvimento científico associava-se, em grande medida, ao aumento do conhecimento inerente a cada disciplina, atualmente o contexto em que o conhecimento é aplicado emerge como um fator determinante. As necessidades sociais do meio ambiente, do setor produtivo, entre outras, passam a ter um peso decisivo na orientação da pesquisa científica e de suas aplicações.

A sociedade, o Estado e a economia passam a ser elementos essenciais para a definição de focos de investigações, somando-se aos requerimentos internos da própria ciência. Equipes multidisciplinares são constituídas em bases temporárias para a resolução de problemas específicos do conhecimento humano. As hierarquias se tornam mais flexíveis e redes de conhecimento são formadas, envolvendo desde a comunidade científica até os consumidores, organizações sociais, o Estado e as empresas.

A pesquisa cooperativa em grande escala se torna uma necessidade, reduzindo custos e, principalmente, agregando competências que potencializam a obtenção e a difusão dos conhecimentos e das inovações. Exemplificando, o artigo científico que sintetiza o recente e bem sucedido caso da pesquisa brasileira no âmbito do projeto Genoma da *Xilella fastidiosa* possui mais de 100 autores pertencentes a inúmeras instituições científicas, envolvendo o Estado no fomento e na própria concepção e âmbito do projeto. As pesquisas em AIDS são orientadas tanto pelo interesse científico quanto pelas pressões e incentivos provenientes de ONGs, da sociedade organizada em geral e da política de saúde, dando origem a um avanço no tratamento, impensável há poucos anos.

A comentada aceleração da História, identificada pelos cientistas sociais, ganha sua expressão mais marcante na área da ciência e da tecnologia. Os avanços na tecnologia de informação na última década, entre muitos outros, mostram o encurtamento do tempo histórico e a imbricação entre a ciência, tecnologia e necessidades sociais. As mudanças são tão intensas a ponto de haver estimativas de que 50% da tecnologia utilizada no mundo serão substituídas em 10 anos por tecnologias ainda não existentes.

Neste cenário de profundas transformações, as antigas e ainda dominantes formas de gestão do conhecimento, presentes no Brasil, tornam-se completamente obsoletas e restritivas aos avanços requeridos ao conhecimento e à inovação. Estruturas organizacionais rígidas e verticalizadas, regras vigentes da burocracia pública e rigidez do conhecimento disciplinar fechado em si mesmo, aparecem como verdadeiras barreiras à inovação. O avanço do conhecimento e a inovação impõem a necessidade de mudança organizacional e de reforma do Estado brasileiro na área de ciência e tecnologia.

Modelos organizacionais matriciais e estruturas flexíveis e temporárias que permitam a organização de grupos de pesquisa multidisciplinares, voltados para a resolução de problemas, tornam-se elementos essenciais para o novo paradigma do conhecimento científico e tecnológico. A introdução sistemática de formas de pensar o futuro e de definição de focos e de estratégias, sem a rigidez dos sistemas tradicionais de planejamento, impõem-se como uma necessidade na área. A ciência e a inovação não podem mais ser tratadas com os modelos burocráticos rígidos ainda existentes.

Com Carlos Gadelha, Rio, outubro de 2000.

Fundos Setoriais para a Ciência

A criação dos fundos setoriais pelo Governo Federal foi comemorada pela comunidade científica brasileira. Esses fundos injetarão, de maneira priorizada, recursos extra-orçamentários acima de um bilhão de reais. O objetivo é acelerar as pesquisas e os desenvolvimentos de produtos e processos em áreas como saúde, biotecnologia, engenharia, aeroespacial e tecnologia da informação, dentre outras.

A situação atual do país exige que as instituições de ciência e tecnologia tenham papéis ativos na busca de soluções para os problemas nacionais. Por mais de 30 anos o Governo investiu na formação de inteligências, mantendo bolsas e formando cientistas e tecnologistas, incluindo treinamento no exterior. Assim, a comunidade científica vê com bons olhos essa iniciativa governamental e deve permanecer atenta para pressionar, se necessário, o Congresso Nacional para tornar ágeis as decisões relacionadas aos fundos setoriais, para colocá-los em funcionamento o mais cedo possível.

Em face das mudanças na economia nacional – abertura econômica e redução do papel do Estado na economia – faz-se necessário que a comunidade científica e tecnológica busque novos enfoques para a utilização dos fomentos direcionados ao desenvolvimento científico e tecnológico, preferencialmente dando respostas mais rápidas às necessidades da população.

Na iniciativa dos fundos setoriais pode-se destacar a ênfase ao incremento da competitividade e valorização do conhecimento e do domínio tecnológico e, a clara definição de que o se quer implementar é o desenvolvimento - obviamente relacionado com a ciência que praticamos e sua manutenção – com olhos voltados para as inovações tecnológicas.

Necessitamos dar à ciência um papel mais ativo, integrado ao desenvolvimento nacional e, ao mesmo tempo, não perder de vista que a ciência básica, principalmente aquela que se refere ao sistema complexo, desconhecido e imprevisível, é fundamental e única para formação de cientistas, criação de novas idéias e soluções, e para a continuidade da própria Ciência. Não podemos prejudicar essa ciência básica como no tempo de Galileu, pouco antes da revolução newtoniana. Bom senso e equilíbrio são fundamentais no estabelecimento desse novo processo.

É necessário acelerar a transferência do conhecimento dos cientistas para o setor produtivo. Estamos falando do conhecimento amplo de cunho tecnológico e não simplesmente de informação tecnológica. No fundo, estamos dando ênfase a uma transferência de conhecimento e experiência prática, que acelere a solução de um problema. Esse tipo de conhecimento não é produzido pelas empresas nacionais e assume um papel novo, sempre com qualidade e originalidade, beneficiando direta ou indiretamente a inovação tecnológica.

Um outro lado que preocupa e deve ser considerado, refere-se às patentes, pois mostra a nossa realidade produtiva. A relação nacional de patentes/artigos científicas é uma das menores do mundo em desenvolvimento. Possuímos excelentes cientistas, mas temos dificuldades em desenvolver com as velocidades necessárias coisas práticas e úteis para a população. A situação fica mais crítica se compararmos a relação entre o número de patentes nacionais e de patentes estrangeiras, bem como as origens das tecnologias de produtos de última geração em nosso país.

Somos totalmente favoráveis ao estabelecimento de regras e condutas que melhorem esse quadro. O aumento de nossa competitividade no desenvolvimento de produtos de qualidade e de alto valor tecnológico buscando o menor custo e o aumento da cooperação entre instituições e empresas nacionais com parcerias estrangeiras são alternativas existentes.

Acredito na capacidade e criatividade dos cientistas e tecnologistas brasileiros de mudar nossa história no que se refere à inovação. As áreas de petróleo e agroindústria vêm dando um belo exemplo, mostrando que o país tem cérebros e competência para fazer inovações tecnológicas com grandes impactos sociais.

No setor saúde, o ministro José Serra vem obtendo sucesso em sua política de estimular e desenvolver medicamentos genéricos, drogas novas, vacinas e terapias, levando à população o acesso, mais barato e com qualidade, à prevenção e terapêutica dos variados agravos que a atingem.

O processo da adaptação aos novos tempos exige dos cientistas a percepção de seu trabalho no novo ambiente competitivo. O Governo Federal faz seu papel criando os fundos setoriais e colocando mais recursos financeiros à disposição das instituições e dos grupos de pesquisadores. O desafio agora está em nossa participação, como cientistas, no processo nacional, como agentes inovadores, dando maior equilíbrio na relação tecnologia nacional e importada. Esse novo desafio está colocado para a atual e para as futuras gerações de cientistas brasileiros. Como resultado, esperam-se, no mercado, produtos nacionais com qualidade, mais baratos, que reduzam a desigualdade tanto entre os Estados quanto dentro deles, chegando mais rapidamente aos resultados desejados pela sociedade.

Niterói, dezembro de 2000.

Empresas e inovação

Na sociedade moderna, o conhecimento e a informação são fontes potenciais de riqueza e progresso econômico de uma nação. A presença da ciência e tecnologia no setor produtivo é condição essencial para a sinergia das oportunidades de crescimento e fortalecimento da economia – ambos estão concentrados nos meios empresariais. Tradicionalmente, no Brasil, a pesquisa científica e tecnológica é quase sempre realizada nas universidades e institutos de pesquisa públicos. Pouco, ou quase nada, é feito nas empresas. Um bom indicador de desenvolvimento é o nível de articulação entre o conhecimento científico e a economia. A atividade científica faz a diferença em uma organização. A empresa deve fazer pesquisa porque disto depende seu futuro. Esta pesquisa deve ser mais orientada para a solução de problemas e desenvolvimento da inovação tecnológica, diferentemente da investigação realizada pela academia, onde a liberdade de criação, fluxo de informação e divulgação em âmbito internacional do conhecimento gerado são premissas básicas da ciência até para a sua própria continuidade. Porém, a pesquisa na empresa é igualmente importante e deve ter a mesma relevância da pesquisa acadêmica quando se avaliar o capital de conhecimento de um país.

A pesquisa de qualidade valoriza a empresa e, a incorporação de novas tecnologias leva a produtos de maior valor agregado, aumentando a nossa posição competitiva no mercado e na economia nacional. Os especialistas calculam neste cenário, a cada dólar que uma empresa destina à investigação, são gerados outros 5 dólares.

Neste contexto, quando a empresa observar o crescimento competitivo ao realizar pesquisa, as novas oportunidades, inovações, invenções, produtos de bens e serviços, desenvolvidos em ambientes acadêmicos serão bem recebidos pelas indústrias.

Assim, a articulação entre os meios governamental, acadêmico e empresarial, torna-se um bom desafio para os países em desenvolvimento neste início do século XXI.

Um olhar atento sobre as nações desenvolvidas, nos mostra que os institutos que realizam ciência e tecnologia e que desenvolvem o processo de inovação têm maior flexibilidade administrativa, financeira e gerencial. Além disto, um grande número de doutores são absorvidos pelas empresas; alguns realizam pesquisa e desenvolvimento, outros são responsáveis pela inovação tecnológica e invenção nestas organizações.

A inovação tecnológica é muito mais do que a pesquisa e desenvolvimento. Ela é conseqüência da atividade de profissionais para resolver, de forma ágil, eficiente e competitiva, uma situação desfavorável.

O impacto de uma maior articulação entre a ciência e a economia pode ser avaliado pelo alto interesse que despertaram as discussões sobre o tema, na recente Conferência Nacional de Ciência, Tecnologia e Inovação, realizada pelo Ministério da Ciência e Tecnologia (MCT).

Para o estabelecimento de uma política nacional de inovação e incorporação do progresso científico à atividade econômica, foi discutido na Conferência e agora se encontra na homepage do MCT para consulta pública, o anteprojeto da "Lei da Inovação". Este anteprojeto de lei estabelece medidas de incentivos à pesquisa e à inovação e fortalece a promoção da interlocução entre o governo, academia e empresas, principalmente as empresas de base tecnológica.

Entre vários pontos de destaque, o anteprojeto favorece a criação de mecanismos para realização de programas cooperativos entre os setores empresarial e acadêmico, a mobilidade de profissionais acadêmicos para as empresas e vice-versa e, flexibiliza a administração gerencial das instituições que realizam atividades científicas e tecnológicas envolvidas com a inovação. Estes mecanismos favorecem o ambiente criativo empresarial e as empresas tornam-se o centro desta nova política.

A ciência já conquistou lugar de destaque na sociedade. Nos últimos anos, aumentou-se o número de artigos publicados pelos cientistas brasileiros em revistas de impacto internacional. A pósgraduação vem aumentando a formação de doutores: somente no ano 2000 cerca de 6.000 doutores foram formados nas universidades e institutos de pesquisa. Está bem estabelecida que uma atividade científica forte é a fonte de inspiração para a inovação.

No entanto, numa sociedade complexa e pluralista como a brasileira, o conhecimento científico não tem, *per se*, valor supremo. A população se interessa mais pelas inovações que forneçam, a menor preço e com qualidade, medicamentos, vacinas, alimentos, serviços de saúde, moradia, saneamento, escola, transporte, energia, que ao trazerem benefícios à população, construam uma sociedade mais justa e saudável.

Brasília, maio de 2001.

Ciência, invenção e inovação

No mundo globalizado, a inovação tecnológica é considerada a alavanca para o desenvolvimento das nações. As indústrias e empresas divulgam em propagandas vultosas suas ações inovadoras, seus novos produtos. Os cientistas solicitam mais recursos para financiar seus laboratórios e suas pesquisas, alegando que a ciência é a base para a inovação e desenvolvimento.

Para a população, o que se entende por inovação tecnológica é confuso, e por vezes a palavra inovação tem sido usada pela mídia sem sentido e até de maneira errada. Para ser inovador, um produto, processo ou serviço deve ser melhor, mais barato, aceito pelo mercado e deve gerar lucros maiores que os de seus concorrentes.

Uma boa inovação se mede pelas vendas da fábrica, pela novidade que possua êxito comercial e não, na maioria das vezes, pela sua base científica. O nível de inovação tecnológica é avaliado pelo "índice de inovação" que é conseqüência dos gastos e do número de doutores e engenheiros envolvidos em pesquisa e desenvolvimento, do nível educacional, da proteção da propriedade intelectual, do produto interno bruto e de políticas comerciais.

Assim, não existe uma relação direta entre o nível de inovação tecnológica de um país e sua ciência. A inovação é freqüentemente mais arte do que ciência. A Inglaterra tem mais de 80 prêmios Nobel em ciência e medicina e sua tradição na inovação tecnológica é pobre.

Os ingleses escrevem muito artigo científico, mas fazem poucos produtos e tecnologias. A União Européia utiliza o mesmo percentual do produto interno bruto que os Estados Unidos e publica mais artigos científicos que os americanos. Entretanto, poucas indústrias multinacionais do século XX são européias.

O número de patentes japonesas é duas vezes maior que o dos Estados Unidos. Por habitante, o número de patentes americanas é quase três vezes menor que o da Coréia. No Brasil registramos em média 4.000 patentes por ano e publicamos pelo menos 15 vezes mais artigos científicos. Nos Estados Unidos, a relação número de patentes/publicações científicas é enorme. Estes dados revelam que os norte-americanos possuem uma grande vantagem no índice de inovação se comparado ao restante do mundo. A descoberta científica não tem relação com a invenção tecnológica. Edison foi um grande inventor, não um pesquisador, e péssimo para desenvolver coisas práticas e fazer tecnologia. O vídeo cassete para uso profissional foi descoberto em 1954, mas foram os japoneses, no início dos anos 70, que, diminuindo o tamanho, aumentando a sensibilidade e tornando o preço acessível ao mercado, fizeram o vídeo comercial.

Fato parecido aconteceu com o raio laser, que não teve aplicabilidade por 25 anos e, somente no início dos anos 70, foi utilizado em discos compactos e nas transmissões por fibra ótica, graças aos avanços das telecomunicações. Assim, o laser quase foi uma descoberta em busca de um problema.

A capacidade de inovação tecnológica de um país depende de sua história e cultura. Para inovar, a idéia deve ser mais prática que teórica, e a política deve fornecer o risco, premiar o sucesso e não punir o fracasso. Geralmente os países considerados produtores de inovação são aqueles cuja população é mais pragmática e sabe que depender de si própria é mais importante que depender da estrutura governamental.

E resumo, a inovação tecnológica é um espírito natural do sistema capitalista. O nosso desafio será fazer um modelo de sociedade mais sensível e compatível com a inovação tecnológica.

Tunis, setembro de 2001.

Outras coisas a mais

*"There are some things about which
we must simply say you can't do.*
Existem algumas coisas sobre as quais
devemos simplesmente dizer que não se pode fazer."

James Watson

Profissão cientista

O que isto significa, ser cientista hoje no Brasil? A opção por trilhar os caminhos da ciência implica em enfrentar grandes desafios, não só científico-tecnológicos, mas também os de cunho político, social e econômico.

O Brasil é terra de grandes recursos naturais e de graves problemas de saúde, alimentação, saneamento e habitação. É, pois, vasto terreno para um trabalho de investigação voltado para a busca de soluções tecnológicas que possibilitem a melhoria da qualidade de vida da população.

Somente com a ampliação da atividade de pesquisa e desenvolvimento nas instituições nacionais, conseguiremos resultados para nossos problemas. É fundamental compreender que nem sempre é possível encontrar tecnologias no mercado internacional que ofereçam respostas para os problemas da população brasileira. Só com investimento nacional será atingido este objetivo. E, para isso, temos de investir no componente humano – o pesquisador.

O investimento em ciência e tecnologia reflete a importância dada pelo país à geração de inovações tecnológicas e o conseqüente reflexo no desenvolvimento econômico. Atualmente, o Brasil investe 1% de seu PIB em ciência e tecnologia, enquanto países desenvolvidos como os EUA, Japão e Alemanha aplicam em média 2,7%. Acresce-se a isto, recentes impactos do pacote fiscal, que geraram um corte de 10% no orçamento do Conselho Nacional de Desenvolvimento Científico e Tecnológico (CNPq). Medida tomada justo no momento em que se divulga o crescimento da produção científica brasileira nas publicações internacionais, resultado claro de um processo bem-sucedido de qualificação profissional de longo prazo.

Este é um momento de ação para a comunidade acadêmica, o governo, os empresários e a sociedade. Todos somos responsáveis pelo futuro de nosso país. Nesse sentido, é fundamental propormos o estabelecimento de uma aliança estratégica comprometida com o crescimento do Brasil, com a construção de inteligências e com a destruição das ignorâncias.

A elevação das capacitações tecnológica e produtiva, de fato, ocorre quando há investimento contínuo e maciço em aprendizado e conhecimento. Somente com amplos dispêndios em educação, pesquisa e desenvolvimento poderão ser criadas condições de sustentabilidade na nova ordem econômica mundial. O Estado e a sociedade devem estar conscientes das suas responsabilidades. Produzir saberes e conhecimentos é tarefa que exige paciência, tempo, continuidade e dedicação. Urge a ampliação de uma política para a valorização do trabalho científico-tecnológico, que considere e respeite os tempos inerentes à atividade de investigação, caracterizada fundamentalmente pelo resultado em longo prazo.

O Estado deve fazer a sua parte, incentivando e financiando a ciência e a tecnologia nacional, oferecendo salários dignos a todos os profissionais das instituições públicas de pesquisa. Por outro lado, mecanismos de captação de recursos e de gerenciamento tecnológico devem ser desenvolvidos.

A participação da iniciativa privada ainda está muito aquém do desejado. A parceria empresa-academia-sociedade deve ser incrementada, assim como o capital de risco, praticamente inexistente no país, porém fundamental para dar suporte a projetos inovadores.

É fundamental a melhoria e reforma dos anacrônicos sistemas gerenciais institucionais, dando condições para o uso otimizado dos recursos financeiros, humanos e tecnológicos. É necessário também, providenciar proteção por patentes das inovações geradas nas instituições, propiciando a possibilidade de futuras licenças e novas fontes de recursos.

Ser cientista hoje no Brasil significa saber conviver com problemas típicos de um país em desenvolvimento, sem nunca se conformar, lutando sempre pela melhoria das condições de trabalho das instituições de pesquisa. Contudo, significa também ter momentos singulares de prazer e emoção no exercício diário da descoberta de novos mundos e de novas possibilidades.

Com Claudia Chamas, Rio, dezembro de 1997.

100 anos de Manguinhos

Em 25 de maio de 2000, a Fundação Oswaldo Cruz (Manguinhos) estará fazendo 100 anos. Foi criada no início do século por alguns visionários que, já naquela época, acreditavam que somente através da ciência e da tecnologia seria possível a inauguração de uma política de saúde pública em nosso país. Neste sentido, os 100 anos também representam a história da saúde pública brasileira.

Nossa missão segue a filosofia de Oswaldo Cruz, que fez da pesquisa a base para transformar doença em saúde. A instituição passou por crises. A maior delas culminou no Massacre de Manguinhos ocorrido em abril de 1970, quando vários cientistas foram aposentados e tiveram seus direitos políticos cassados.

Interessante notar que a sociedade depende da ciência e da tecnologia e pouca chance tem para entendê-las. Essas crises refletiam a ausência da cultura científica dentro de nossa cultura política. A maioria dos políticos não compreendia a complexidade da saúde pública e a importância da ciência exercida em Manguinhos, embora, via orçamento, determinasse as prioridades científicas e tecnológicas institucionais.

No final dos anos 70, buscando maior credibilidade para enfrentar os problemas sociais e políticos, o Governo voltou a reconhecer Manguinhos como instituição essencial para a saúde pública. Em 1988, pesquisadores da instituição saíram em defesa da reforma sanitária, cuja luta consolidou, em nossa Constituição, o Sistema Único de Saúde – SUS.

Manguinhos vem passando por uma ampla transformação. Instalou-se a política de descentralização administrativa e a implementação de um planejamento estratégico, hoje vinculado ao plano plurianual (PPA) do Governo Federal. A pesquisa básica foi preservada e valorizada seu comprometimento com a saúde pública.

Ambas devem conviver num mesmo ambiente e fornecer os conhecimentos que norteiam as ações e políticas de saúde, bem como os parâmetros para definição das prioridades de investigação na área da saúde.

A atividade institucional de controle de qualidade em saúde aumenta o seu papel social, por sua relação com a Agência Nacional de Vigilância Sanitária. As unidades e laboratórios de serviços de referência são articuladores e difusores de tecnologias para o sistema de saúde.

Na pós-graduação, considerada de excelência pela avaliação da Capes e de organismos internacionais similares, o número de teses defendidas aumenta. O programa de capacitação de dirigentes e técnicos para o SUS aproxima nossa relação com a política nacional de saúde.

O Museu da Vida, em 7 meses de atividades no ano passado, foi visitado por mais de 80 mil pessoas, tornando o trabalho institucional mais visível e transparente para a sociedade.

Manguinhos desenvolve tecnologia, produz medicamentos, vacinas e kits de diagnósticos, em sintonia com as necessidades do Ministério da Saúde e contribui para a oferta de produtos em saúde de qualidade, alta tecnologia e baixo preço. Sem instituições como Manguinhos, a maior parte dos brasileiros, carente de recursos, continuaria desassistida em medicamentos e condições de melhoria da qualidade de vida.

Para continuar esta trajetória, Manguinhos requer inovações gerenciais na produção de vacinas e medicamentos e precisa ter agilidade necessária às atividades de ensino e pesquisa e ao estabelecimento de parcerias com empresas e instituições científicas, num processo de busca de tecnologia e inovações. Estas são inadequações comuns das formas tradicionais de gestão do Estado.

Há um consenso institucional de que o modelo de gestão empreendedora é o ideal, pois baseado em resultados, tendo como referência à eficácia e a eficiência, garante melhor flexibilidade ao mesmo tempo em que coloca a instituição dentro da política nacional de saúde, passando a se relacionar com o Ministério da Saúde por contrato de gestão.

Estamos saindo de um século conturbado e cheio de contradições. O mundo está em transformação. Manguinhos se transforma. Nenhuma instituição de ciência e de tecnologia vive somente do passado ou vive para o presente. Manguinhos trabalha o futuro e para o futuro. Se amanhã a realidade da saúde em nosso país mudar, a instituição estará apta a enfrentar o novo, com espírito público e sensibilidade. Nosso espaço será de transformação para, em sintonia com a sociedade, enfrentar os desafios e colaborar para a melhoria do complexo quadro da saúde pública de nosso país.

Niterói, março de 2000.

Ciência: sair da torre de marfim

O governo brasileiro anunciou, recentemente, a criação dos fundos setoriais (saúde, transporte, energia e aeronáutica) para financiamento da pesquisa e desenvolvimento. Não resta dúvida que se trata de um enorme esforço para alavancar as atividades científicas e de inovação tecnológica fundamentais para o desenvolvimento do país.

Na área da saúde, a proposta de criação de um fundo específico implicará uma injeção adicional de recursos de aproximadamente R$ 100 milhões para o financiamento de pesquisas estratégicas.

Devido à sua importância econômica e social, as universidades, instituições de pesquisa e toda a comunidade científica deverão se mobilizar para que o Congresso Nacional aprove esta iniciativa.

Nossas condições de saúde no futuro dependem fortemente das decisões que tomamos hoje para o financiamento dos projetos de pesquisa com foco na política de saúde.

Uma premissa importante para o sucesso dos fundos setoriais, é a necessidade de se ter uma interação mais intensa e transparente das instituições que fazem ciência com o conjunto da sociedade brasileira. Em outras palavras, é necessária uma ação estratégica envolvendo os cientistas e as instituições, cuja finalidade esteja na divulgação cultural da ciência ao grande público.

Nós cientistas, divulgamos profissionalmente nossos trabalhos em congressos e simpósios científicos e publicamos artigos em revistas científicas especializadas. Assim, justificamos o financiamento em nossos laboratórios.

A publicação científica é importante, mas não é tudo. Há necessidade de se acrescer ao plano de desenvolvimento da ciência e tecnologia nacionais, um programa da divulgação dos avanços obtidos nestas áreas.

É inacreditável como a maioria de nossos professores, políticos, empresários, comunicadores e o público em geral não conhecem a ciência e tecnologia realizada em nosso país. Com raras exceções, como é o caso da SBPC, de alguns museus e de poucas universidades, não há o impulso das instituições e de seus profissionais para divulgar o que fazem, para que fazem e para quem fazem. A população, assim, não percebe o papel decisivo que a ciência e tecnologia desempenham na solução de nossos problemas e em nossa vida diária.

A Fiocruz, instituição centenária, procura divulgar seus trabalhos à população de 3 maneiras: por meio do Museu da Vida, aberto às escolas e à população em geral para visitas públicas e montando exposições científicas, nas quais a história de nossas pesquisas é apresentada em linguagem voltada para o grande público; organizando eventos, como o já tradicional "Fiocruz para você", onde a Instituição abre suas portas para a comunidade nos dias nacionais de vacinação.

Somente em 1999, mais de 100 mil pessoas participaram desses eventos; e através da mídia, como é o caso do Canal Saúde, onde o cientista procura explicar a importância de sua atividade, de seu trabalho.

Sabemos que ainda é muito pouco para um país das dimensões do Brasil. As universidades e os institutos de pesquisa devem mergulhar nesta idéia. Os cientistas devem abrir espaço para dialogar e explicar à população os seus trabalhos. Todo cidadão que financia através de seus impostos a ciência brasileira, tem o direito de saber a importância do que se passa dentro dos laboratórios públicos de pesquisa.

A ciência e a inovação tecnológica devem estar integradas a um contexto cultural. No entanto, para a maioria dos cidadãos, ciência e cultura se contradizem, sendo quase excludentes.

Em parte, o cientista é o culpado por esta visão míope e desfocada da ciência. Em sua torre de marfim, ele não se preocupa em explicar seu trabalho à população. Esta não é uma visão moderna e social do cientista. Temos que nos esforçar para mostrar da ciência o seu lado humanístico, artístico, cultural e a sua importância nas profundas modificações sociais de um país.

Vivemos em uma época na qual é evidente o poder da ciência na melhoria da qualidade de vida, nos avanços na medicina e na saúde pública. Interessante notar que a população vive cercada, em seu dia-a-dia, de ciência e tecnologia e não as entende. Isto nos leva a um mundo cego e sem compreensão. Precisamos nos esforçar para que os intelectuais, os cientistas, os humanistas e a população em geral se entendam entre si. Nossa grande tarefa neste início de século é a de lutar por uma cultura integradora que chegue à população. Isto é investir no futuro de nosso país.

Rio, junho de 2000.

A academia do novo milênio

Desde o surgimento do espaço universitário, no século XII, na Europa, nada de mais singular foi criado para harmonizar as práticas de pesquisa e ensino. Após tantos séculos e crises, a universidade mantém-se única como espaço de criação, crítica, reflexão e discussão. Na sociedade não existe outro local que permita o desenvolvimento de idéias com total liberdade. Foi nessa atmosfera que a ciência e tecnologia floresceram, ganhando importância e reconhecimento da população. No entanto, a *praxis* científica era restrita a poucos.

No século XX, a universidade adquiriu novos contornos, aumentando, consideravelmente, o número de cientistas e tecnológos, por meio da criação de novos cursos de graduação e pós-graduação. Em conseqüência, o número de artigos científicos e tecnológicos divulgados cresceu e, descobertas e invenções importantíssimas para a população, saíram, em grande parte, dos laboratórios de pesquisa.

Novas frentes de conhecimento – como a biotecnologia, a genômica e proteômica, a robótica, a microeletrônica, os novos materiais, a nanotecnologia – se abrem, possibilitando uma enorme expansão paralela dos domínios científicos nas organizações acadêmicas.

Basta olharmos para o nosso dia a dia para percebermos a importância do avanço científico. Telefones celulares, *internet*, *e-mail*, computadores, novos medicamentos e vacinas, clones, entre outras tantas tecnologias, fazem-se presentes. E, verdade seja dita, não dá mais para viver sem essas tecnologias. Praticamente todas as modernas tecnologias nasceram em ambientes acadêmicos.

As grandes empresas nacionais e internacionais estão cônscias do seu poder para gerar e absorver novos saberes e conhecimentos. Dessa forma, cada vez mais estabelecem acordos para desenvolvimentos conjuntos, aproveitando-se da *expertise* acumulada e de cérebros privilegiados existentes nas universidades e institutos de pesquisa. Nos países desenvolvidos existem leis claras que legalizam as transações existentes entre o mundo acadêmico e o setor produtivo.

No Brasil, a Lei da Inovação – que está sendo enviada para discussão no Congresso Nacional – apresentada pelo Ministério da Ciência e Tecnologia, propõe normatizar e estimular essas colaborações entre o setor público e o privado. Já no início do século passado, Joseph Schumpeter, economista austríaco, teorizava a respeito, destacando a importância da ciência e da tecnologia como elementos-motores para o desenvolvimento econômico das nações.

Para fazer ciência e tecnologia com desempenho satisfatório e desejável na sociedade, certas peculiaridades devem ser respeitadas. É preciso garantir a continuidade dos projetos e dos investimentos. Rupturas na condução das políticas públicas acarretam desmotivação dos grupos envolvidos no trabalho e desperdícios de recursos humanos e financeiros. O equilíbrio nos investimentos faz-se necessário. Não se deve priorizar a pesquisa aplicada e o desenvolvimento tecnológico em detrimento da pesquisa básica. Deve haver uma distribuição harmoniosa dos diferentes estágios dos processos inovativos.

Um gerenciamento institucional moderno e ágil é imprescindível. Urge a melhoria dos anacrônicos sistemas gerenciais, que não conseguem oferecer respostas para as necessidades da atual conjuntura. Estruturas gerenciais deficientes acarretam desperdício de recursos e de tempo.

Nos países em desenvolvimento, como é o caso do Brasil, as universidades e instituições de pesquisa sofrem não só com a escassez de investimentos e de recursos humanos especializados, mas também com a descontinuidade dos projetos em andamento. Com certeza, muito ainda falta para atingirmos o nível médio de excelência das organizações norte-americanas e européias. Temos que diminuir essa diferença.

O Governo Federal, dentro dos limites econômicos conhecidos, vem cumprindo a sua parte, adotando políticas claras e consistentes em ciência, tecnologia e inovação. Mas, o setor privado não pode se omitir. Deve procurar aumentar o intercâmbio com profissionais da academia, identificando pontos de interesse e investindo em projetos de interesse nacional. A academia tem de se preparar para o novo milênio. Crises sempre existirão. Não podemos, contudo, nos conformar ou somente reclamar. Épocas de incertezas instauram um clima de apreensão e ansiedade, mas também são propícias à criatividade, permitindo uma busca intensa por novos caminhos e soluções alternativas. Acreditamos no exercício do diálogo, da compreensão e sensibilidade, envolvendo a ciência, o governo, os políticos, os empresários e a sociedade. A ciência e tecnologia devem estar mais presentes em todas essas instâncias, mostrando o seu poder e o seu potencial para transformar países e relações sociais, trazendo a academia do terceiro milênio para mais perto da sociedade.

Niterói, agosto de 2000.

Ciência nos limites da redução

Em 1959, Richard Feynman, prêmio Nobel de Física, em uma célebre conferência no Instituto de Tecnologia da Califórnia, nos Estados Unidos, propôs a construção de máquinas mínimas, nos limites possíveis da resolução, que respeitassem as leis da Física. Surpreso, ele mesmo observou que não havia nada nas leis da mecânica quântica que impossibilitasse a criação de máquinas do tamanho de um vírus.

Para testar essa idéia, Feynman ofereceu um prêmio de mil dólares para a primeira pessoa que reduzisse 25 mil vezes as informações contidas numa página de livro, ficando as letras suficientemente legíveis para serem lidas em um microscópio eletrônico. A redução por um fator de 25 mil é suficiente para colocar toda a informação contida na Enciclopédia Britânica em uma cabeça de alfinete. Poucos anos depois, Feynman pagou o prêmio deste desafio.

Em sua visão genial das máquinas, Feynman parecia querer imitar a natureza, pois os organismos vivos possuem milhares de moléculas, de tamanhos reduzidíssimos, que aceleram reações bioquímicas, movem-se, organizam-se e se reproduzem.

Mas, Feynman não queria somente imitar a natureza. Sua visão era infinitamente mais ampla. A proposta tratava também de utilizar a natureza. Por exemplo, a miosina é uma molécula de proteína contrátil, responsável pela contração muscular. Porque não utilizá-la como base para a criação de um nanomotor?

Em 1986, Eric Drexler desenvolveu uma sólida base teórica sobre esta tecnologia e cunhou o nome nanotecnologia (nano é a palavra latina que significa anão, nanico; um nanômetro = 0,000000001 parte de um metro). Como referência comparativa: uma bactéria mede em torno de um milionésimo de metro, ou seja, mil nanômetros; o vírus tem um tamanho variável de 10 a 100 nanômetros. Nascia assim o conceito de nanomáquinas e manipuladoras moleculares. A partir daí começaram os estudos para se obter tecnologia capaz de construir máquinas que trabalhassem com átomos e moléculas individuais.

A nanotecnologia abrirá novos horizontes para as empresas que trabalhem com tecnologia de ponta. Vamos imaginar uma fábrica produtora de automóveis. O processo de construção de um carro começa pelo refinamento de metais como aço, alumínio, cromo e cobre, bem como pela manufatura de plásticos. Estes componentes são trabalhados, moldados em chassi, motor, bancos e outras peças e colocados juntos, em ordem, para ao final da linha de montagem "virarem" um automóvel.

A nanotecnologia é uma maneira melhor para a construção de um carro: as nanomáquinas, colocando átomos ou moléculas justamente onde devem estar, construirão o automóvel. Estas minimáquinas unirão os átomos de maneira precisa e exata, na estrutura molecular desejada. Mais do que isto, a nanotecnologia rearranjará átomos, permitirá construir carros com materiais melhores do que os metais e plásticos atuais a um preço infinitamente menor.

Já foram produzidos nanotransitores de 60 nanômetros de tamanho, com 180 átomos de extensão, que consumiram somente um centésimo da energia elétrica que necessita um transistor normal. Também foram construídas, de prata e cobre, baterias de 70 nanômetros, do tamanho de um adenovírus, que funcionaram por 45 minutos com a energia de 20 milésimos de *volt*. Parece pouca energia, é verdade, mas não podemos esquecer que uma nanomáquina, do tamanho de um vírus, não necessita de muita energia para funcionar.

O sistema microeletromecânico está se tornando uma realidade e revolucionará os novos laboratórios de pesquisa na área médica. Reduzirá substancialmente o preço de espectrômetros de laboratório, de US$ 20 mil para menos de US$ 10, ou criará minúsculos laboratórios capazes de diagnosticar doenças e fazer análises químicas usando poucas células de organismo humano.

Recentemente, pesquisadores da Universidade de Osaka, no Japão, divulgaram as menores esculturas jamais realizadas pelo ser humano. Utilizando-se da tecnologia do raio laser, esculpiram touros do tamanho de uma hemácia (tipo de célula sangüínea). Dez desses touros, postos lado a lado, têm a espessura de um fio de cabelo humano. Essas imagens tridimensionais reforçam a visão premonitória de Feynman quanto à possibilidade da construção de máquinas de tamanhos ínfimos.

Cientistas ingleses estão construindo um nanolaboratório que, com todos os seus equipamentos, será menor do que uma pílula farmacêutica e poderá revolucionar a área do diagnóstico e tratamentos das doenças. Essa "nave" poderá viajar dentro do corpo humano e medir temperatura, acidez, concentração de gases, colesterol, glicose, entre outras substâncias. Essas medições serão captadas por um monitor fora do corpo.

Pílulas inteligentes estão sendo programadas como medicamentos contendo substâncias em concentrações mínimas e localizadas em nanocompartimentos que se abrirão somente na presença de compostos que caracterizam especificamente a célula ou tecido doente.

A nanotecnologia será extremamente útil para a medicina se utilizada em terapia (nanoterapia). Como uma espécie de equipe médica do tamanho de um nanômetro, nanomáquinas poderão ajudar o sistema imunológico a combater agentes infecciosos como o vírus da Aids e o bacilo da tuberculose, levando medicamentos precisamente para as células-alvo, onde serão necessários. As nanomáquinas destruirão células de gordura em excesso, recuperarão tecidos e órgãos doentes e combaterão células cancerígenas, molécula por molécula, átomo por átomo, onde elas estiverem.

Vamos imaginar, por exemplo, uma nanomáquina dentro do corpo humano patrulhando o sangue, removendo coágulos ou dissociando placas de colesterol. Estas máquinas usarão talvez a própria temperatura corporal ou a energia browniana, resultado de vibrações térmicas de partículas em suspensão, para funcionar dentro do corpo humano. Parece ficção científica, é claro. Mas assim também foram considerados, em passado não muito remoto, o transplante de órgãos, o genoma humano, o diagnóstico molecular e a terapia genética.

Essa tecnologia avança mais rápido do que se esperava. A nanotecnologia atual desenvolve projetos em quase todas as áreas de conhecimento, desde novos métodos para armazenar e manipular as informações até a construção de máquinas minúsculas baseadas em átomos ou moléculas. Disquetes de computadores com memória 3 milhões de vezes maior do que os atuais. CDs que suportam a gravação de mil horas de música, no lugar dos 74 minutos dos CDs atuais, e nanomotores de carbono já existem e estarão sendo comercializados nos próximos 10 anos.

A nanomáquina é mais eficiente. Sua construção necessita de pouco material e consome menos energia. Mais do que isso: os pesquisadores querem chegar a sistemas construídos a partir de suas bases fundamentais, átomo a átomo, molécula por molécula e criar estruturas e materiais com propriedades variáveis.

Os Estados Unidos, com receio de perder a posição de liderança em tecnologias da informação, eletrônica e suas derivações militares, investiram aproximadamente US$ 140 milhões de seu orçamento para ciência e tecnologia em 2000 e cerca de US$ 500 milhões em 2001.

Segundo a Associação de Nanonegócios, as indústrias relacionadas com nanotecnologia investirão mais de US$ 1,2 bilhões em 2003. Recurso totalmente utilizado dentro de uma estratégia de aplicação da nanotecnologia na medicina, meio ambiente, vôos espaciais e segurança nacional. Japão, Canadá e países europeus já investem milhões de dólares nessa área, considerada fronteira da ciência e sucessora da microeletrônica.

E a ciência não pára. Há investigações em nanotecnologia em várias universidades e laboratórios no mundo. Em 1989, cientistas de uma empresa multinacional de computadores, dispondo de somente 35 átomos individuais de xenônio sobre uma superfície de níquel e utilizando um microscópio de varredura, gravaram o nome da empresa em letras que tinham cinco nanômetros de altura, cada uma constituída somente de um átomo.

A IBM, Intel e Hewlettt-Packard já estão usando esta tecnologia para construir microchips e miniordenadores. Dado o rápido progresso na manipulação individual de átomos e moléculas, a primeira geração das nanomáquinas poderá ser produzida na próxima década. A nanotecnologia logo se tornará realidade e modificará profundamente a dimensão da ciência que conhecemos. O Brasil também está investindo no domínio dessa tecnologia. O Ministério da Ciência e Tecnologia está planejando um programa específico para nanociência e nanotecnologia. Três áreas estão sendo priorizadas nesse programa: materiais nanoestruturados, nanobiotecnologia/nanoquímica e nanodispositivos. Físicos, químicos, engenheiros e biólogos brasileiros estarão investigando esse nanomundo, que por sua enorme potencialidade de grande impacto na qualidade de vida de nossa população, está começando a ser visível.

Niterói, novembro de 2001.

Novo paradigma para a ciência

A desigualdade social no planeta é enorme. Estima-se que apenas 20% da população mundial utilizem 80% das riquezas existentes no planeta. Ou seja, a grande maioria, os demais 80% dos seres humanos, consomem somente 20% da riqueza restante da terra. Imagina-se que 225 hipermilionários têm mais dinheiro que os 3,5 bilhões de pessoas que vivem nos países em desenvolvimento. Portanto, 0,0000004% da humanidade possui bens equivalentes a 47% da mesma. Neste mundo de contraste marcante, a ciência e tecnologia têm um papel fundamental para a melhoria da qualidade de vida.

Depois da última Guerra Mundial, a pesquisa científica classificada pelo binômio básica e aplicada vem sendo considerada insuficiente para atender às necessidades urgentes da sociedade. Resulta-se daí a mudança de paradigma para a Ciência criada em foros especializados. Esta pode ser resumida em um trinômio da pesquisa: *ciência básica pura – ciência básica induzida* (inspirada em sua aplicação) – *ciência aplicada e desenvolvimento*. Este novo paradigma é decorrente do aumento de interesse na utilização dos novos conhecimentos das inovações de bens, produtos e processos, para os países em desenvolvimento reduzirem as diferenças sociais existentes.

A ciência já ocupa lugar de destaque na sociedade brasileira. A mídia tem divulgado, diariamente, descobertas científicas as quais despertam interesses e debates públicos. Um olhar atento sobre os países desenvolvidos nos leva a um consenso relacionado à importância da ciência e tecnologia na definição do futuro de um país. A sociedade tem assumido que um país para ser moderno, mais justo e igualitário necessita desenvolver riqueza em sua capacidade de inovação científica e tecnológica.

Estamos em um momento histórico e singular. A ciência valoriza o país e sua população, pois reflete na competitividade e desenvolvimento e nos métodos para atingir o desenvolvimento de uma nação. Discute-se, em instâncias oficiais, a conveniência de priorizar determinadas linhas de pesquisa que possam desenvolver inovações tecnológicas, produtos e processos mais rápidos, para utilização pela sociedade.

Também está em pauta qual deve ser a proporção entre os investimentos em *ciência básica pura* – *ciência básica induzida* – *ciência aplicada e desenvolvimento* – e a implantação de uma política de valorização da ciência e tecnologia, passando pela articulação entre o setor acadêmico e a empresa privada.

Sem dúvida alguma, um ponto importante refere-se a uma política que permita o crescimento do número de pesquisadores ativos no país. Tal política requer uma carreira para profissionais de ciência e tecnologia bem estruturada, bons salários, concursos públicos, continuidade de financiamento à pesquisa e apoio aos novos pesquisadores para se integrarem à estrutura da pesquisa científica e tecnológica do país.

Como a indústria, com detenção de tecnologia, é numericamente pequena em nosso país, é realista concluir que o setor público (federal, estadual e em alguns casos municipal) deva proporcionar a maioria dos recursos financeiros e a infra-estrutura necessária para estas ações, como também servir de indutor para as inovações e apoio ao desenvolvimento científico e tecnológico nas empresas.

No âmbito federal foram criados 13 fundos setoriais para o desenvolvimento da ciência, tecnologia e inovação. A comunidade científica espera com grande expectativa e entusiasmo o sucesso desta iniciativa. Estes fundos terão uma gestão rigorosa, muita imaginação e criatividade nas definições de prioridades para os setores (infraestrutura, energia, agronegócios, saúde, biotecnologia, entre outros).

A conclusão lógica é que os recursos financeiros existentes sejam aplicados com coerência em projetos prioritários que tenham seus resultados avaliados séria e periodicamente e que uma das metas seja a diminuição do período entre a descoberta no laboratório e sua transformação em produto comercializado.

O objetivo é aumentar a qualidade de vida da população, principalmente das classes mais desfavorecidas e acima de tudo, construir uma sociedade mais racional, base de toda a eqüidade e ética.

Niterói, janeiro de 2002.

Impressão e Acabamento GRÁFICA LIDADOR LTDA.
Rua Hilário Ribeiro, 154 – Pça. da Bandeira
Tel.: (21) 2569-0594 / Fax: (21)2204-0684
e-mail: lidador@terra.com.br – Rio de Janeiro - RJ